Pierre LEHAUTCOURT

ÉTUDES
DE
TACTIQUE APPLIQUÉE

BATAILLE DE BAPAUME
(2 et 3 janvier 1871)

AVEC 1 CROQUIS DANS LE TEXTE

PARIS
Henri CHARLES-LAVAUZELLE
Éditeur militaire
10, Rue Danton, Boulevard Saint-Germain, 118

(MÊME MAISON A LIMOGES)

ÉTUDES
DE
TACTIQUE APPLIQUÉE

BATAILLE DE BAPAUME

(2 et 3 janvier 1871)

DROITS DE REPRODUCTION ET DE TRADUCTION RÉSERVÉS

Pierre LEHAUTCOURT

ÉTUDES
DE
TACTIQUE APPLIQUÉE

BATAILLE DE BAPAUME

(2 et 3 janvier 1871)

PARIS
HENRI CHARLES-LAVAUZELLE
Éditeur militaire
10, Rue Danton, Boulevard Saint-Germain, 118

(MÊME MAISON A LIMOGES)

ÉTUDES
DE
TACTIQUE APPLIQUÉE

BATAILLE DE BAPAUME
(2 et 3 janvier 1871) (1)

I

Situation des deux armées le soir du 1ᵉʳ janvier 1871.

Après la bataille indécise de Pont-Noyelles (23-24 décembre 1870), dite de l'Hallue pour les Allemands, le général Faidherbe avait ramené l'armée du Nord derrière la Scarpe, entre Arras et Douai. Son but était de la refaire dans des emplacements où l'ennemi ne pourrait l'atteindre. Cette opération marcha vite. Dès le 31 décembre, l'armée se portait au sud

---

(1) Pendant l'hiver de 1899-1900, M. le général Mouton, commandant la 4ᵉ division d'infanterie, prescrivit de faire aux officiers de la garnison de Compiègne une série de conférences concernant la campagne de 1870-1871 dans le nord de la France. Le but visé était de faire revivre parmi les jeunes officiers les souvenirs et les enseignements de l'Année terrible. Le présent travail est le développement de l'une de ces conférences.

d'Arras, entre la route de Doullens et la Scarpe. Le même jour, Faidherbe réunissait à Beaurains, en conseil de guerre, les généraux sous ses ordres. Ce n'était pas, toutefois, suivant de récents et trop fameux exemples, pour leur demander un avis ou même une décision. C'était afin de leur annoncer que l'armée allait se reporter en avant. Elle tenterait de secourir Péronne, assiégé par les Allemands depuis le 27 décembre et qui avait subi déjà un premier bombardement. Vainement on objectait à Faidherbe l'état de l'armée, qui commençait seulement à se remettre de ses fatigues. Nos troupes, qui pouvaient tenir dans des positions choisies, n'étaient pas capables, disait-on, de prendre l'offensive contre un ennemi aussi solide que les Prussiens de von Goeben. On faisait même craindre un désastre pour notre *semblant d'armée*. Le général en chef ne se laissa pas convaincre. Il prescrivit que la marche en avant commencerait dans la matinée du 2 janvier.

A cette date, l'armée du Nord comprenait deux corps d'armée, les 22e et 23e : 56 bataillons pourvus d'une très faible proportion d'artillerie et de cavalerie, 15 batteries et six escadrons. Encore, trois de ces batteries étaient-elles de 4 de montagne, presque inutilisable contre l'artillerie prussienne. Des six escadrons, il y en avait deux de gendarmes, uniquement consacrés à un service de prévôté que la composition des troupes rendait fort pénible. Enfin, des 56 bataillons, moins d'un tiers appartenaient à l'armée active ; le reste était des gardes nationaux mobiles ou mobilisés dont la grande majorité constituait des éléments de nature très inférieure. La division de mobilisés Robin, en particulier, était presque une non-valeur, surtout de par son chef.

Devant l'armée du Nord, les troupes sous les ordres du général von Goeben étaient ainsi réparties, le soir du 1er janvier :

A l'extrême gauche, entre Bapaume et Doullens, la 3ᵉ division de cavalerie prussienne (général comte von der Gröben), surveillant les routes qui vont d'Arras vers Amiens (3 compagnies d'infanterie, deux escadrons et demi à Bienvillers-au-Bois, avec le général von Mirus; la 7ᵉ brigade de cavalerie et une batterie à cheval à Bucquoy, avec le général comte zu Dohna).

A Achiet-le-Grand, la 32ᵉ brigade d'infanterie, colonel von Hertzberg (4 bataillons, 4 escadrons, 2 batteries, une compagnie de pionniers).

En avant de Péronne et couvrant directement le siège de cette place, la 15ᵉ division d'infanterie (général von Kummer), répartie en deux groupes, à Bapaume et à Bertincourt.

A Bapaume, la 30ᵉ brigade (général von Strubberg) (5 bataillons, 3 escadrons, 2 batteries, 1 compagnie de pionniers).

A Bertincourt, la 29ᵉ brigade (colonel von Bock) (5 bataillons, 1 escadron, 2 batteries).

A Fins, sur la route de Cambrai à Péronne, une brigade de cavalerie de la garde prussienne (hussards et 2ᵉ uhlans) (8 escadrons, 1 bataillon, 1 batterie à cheval), sous les ordres du prince Albert de Prusse jeune.

Encore plus à l'est, la 12ᵉ division de cavalerie saxonne (général comte zur Lippe), détachée de l'armée de la Meuse, comme la brigade de la garde, occupait les environs de Saint-Quentin, en se reliant à cette dernière. Elle était ainsi répartie :

Au Catelet, la 23ᵉ brigade de cavalerie (général Krug von Nidda, 8 escadrons, 2 compagnies, 1 batterie).

A Saint-Quentin, 1 régiment de cavalerie, 1 compagnie, 2 sections d'artillerie à cheval, sous les ordres du général Senfft von Pilsach.

Ce long et mince cordon de troupes dessinait une

ligne droite presque parallèle à la direction générale du cours de la Somme, et aussi à la route d'Arras à Cambrai. Il coupait, à peu près à mi-distance, les deux routes d'Arras et de Cambrai à Péronne. Derrière lui, le général von Goeben s'était constitué une petite réserve, le 8ᵉ bataillon de chasseurs et deux batteries à cheval. Elle stationnait à Combles, à l'ouest de la route Péronne - Bapaume et à mi-chemin de ces deux villes.

Quant au corps de siège qui opérait contre Péronne sous les ordres du général von Barnekow, commandant la 16ᵉ division d'infanterie, il comprenait la 31ᵉ brigade et la 3ᵉ division de réserve, le tout fort seulement de 10 bataillons, 6 batteries et 8 escadrons.

Enfin d'autres détachements assuraient la sécurité des communications avec Rouen ou avec Gonesse, quartiers généraux de la Iʳᵉ armée et de l'armée de la Meuse : à Picquigny, entre Amiens et Abbeville, 4 escadrons et 1 bataillon ; à Amiens, 4 bataillons, 3 escadrons, 2 batteries, 1 détachement d'artillerie de place, 1 compagnie de pionniers, 2 détachements d'éclopés ; sur les lignes de Rouen et de Creil à Amiens, 6 compagnies d'infanterie, 1 régiment de cavalerie et 2 pièces ; 1 bataillon à La Fère.

Le total de ces forces représentait 36 bataillons, 59 escadrons, 23 batterie, 4 compagnies du génie. La cavalerie et l'artillerie y étaient très fortement représentées et assuraient au général von Goeben une incontestable supériorité sur l'armée du Nord. Toutefois, grâce à la disposition vicieuse adoptée par le général prussien, il n'y avait, pour résister à notre offensive prochaine, que 16 bataillons 3/4, 26 escadrons 1/2, 10 batteries, 2 compagnies de pionniers, répartis le soir du 1ᵉʳ janvier entre Bienvillers-au-Bois et Fins, sur un espace mesurant environ trente-cinq kilomètres à vol d'oiseau. Leur dissémination était donc extrême.

Cette répartition ne tardait pas, d'ailleurs, à subir d'assez importantes modifications. D'après l'ensemble des renseignements, souvent contradictoires, que le général von Goeben recevait de sa cavalerie et de ses espions, il continuait de croire le gros de notre armée à Cambrai, devant son aile droite. En ce cas, celle-ci eût été fort aventurée (1). Il jugea prudent de la renforcer sans tarder.

Il prescrivit donc, pour le 2 janvier, le passage à cette aile de la 32° brigade jusqu'alors rattachée à la 3° division de cavalerie, à l'extrême gauche. Un détachement aux ordres du colonel von Hertzberg (2 bataillons, 1 escadron, 2 batteries) dut aller s'établir à Nurlu, sur la route de Péronne à Cambrai. Un autre (1 bataillon, 3 escadrons), commandé par le colonel von Wittich, se porterait à Epehy, à mi-chemin entre le Catelet et Fins. Un bataillon de la même brigade remplacerait à Amiens des troupes de landwehr envoyées à Chantilly. Enfin une compagnie de pionniers renforcerait le corps de siège de Péronne.

Ces mouvements, qui allaient coïncider avec notre reprise de l'offensive, dégarnissaient la gauche allemande, sur laquelle devait justement porter le principal effort de Faidherbe. Ils ne remédiaient en rien à l'excessif éparpillement des troupes de Goeben, réparties sur 40 à 50 kilomètres, de Bucquoy au Catelet. Ils laissaient donc notre adversaire exposé à voir aisément déchirer ce frêle rideau, qui rappelait notre dispositif en cordon, du Rhin à la Moselle, dans les premiers jours de la guerre de 1870.

---

(1) En réalité, Cambrai et Douai n'avaient que des garnisons composées presque uniquement de mobiles ou de mobilisés, et incapables d'une action extérieure.

De toutes les dispositions que Goeben aurait pu prendre pour couvrir le siège de Péronne, celle-ci était l'une des plus dangereuses. Il n'allait pas tarder à y renoncer, sous la pression d'événements qui auraient pu aisément prendre pour lui une tournure plus fâcheuse.

II

Mouvement offensif du 2 janvier.

Le général Faidherbe donnait, pour la marche de l'armée du Nord, des ordres dont nous n'avons pu nous procurer le texte, mais qui peuvent être ainsi résumés d'après les publications les plus sérieuses : elle s'avancerait sur quatre routes, chacune réservée à l'une de ses divisions. Celle du général Derroja (1re du 22e corps), partie de ses cantonnements de Wailly, Rivière et Beaumetz-les-Loges, se porterait sur Bucquoy et Achiet-le-Petit par Ransart, Monchy-au-Bois et Hannescamps. La division du Bessol (2e du 22e corps) irait d'Achicourt, Agny et Dainville sur Achiet-le-Grand, par Boiry-Sainte-Rictrude, Ayette et Ablainzevelle. Celle du capitaine de vaisseau Payen (1re du 23e corps), partie de Feuchy, Tilloy-les-Mofflaines et Beaurains, se porterait directement sur Bapaume par la grand'route d'Arras. Enfin, la division de mobilisés Robin (2e du 23e corps) irait de Ronville, Saint-Sauveur et Blangy sur Saint-Léger et Mory par Croizilles. Nous allions exécuter un mouvement concentrique sur Bapaume, en parcourant une quinzaine de kilomètres seulement.

D'Achiet-le-Petit à Mory, à vol d'oiseau, le front de marche de l'armée mesurait 8 kilomètres environ. La liaison de ses divers éléments était donc suffisamment assurée, du moins à la fin de notre mouvement. En outre, le général en chef avait prescrit que, dans le cas où l'une des divisions serait attaquée pendant la marche, les autres appuieraient vers elle pour la soutenir.

Nos troupes portaient trois jours de vivres. Il leur était recommandé de ménager leurs munitions en prévision de plusieurs journées de combat.

Chose singulière, dans les analyses des ordres pour le 2 janvier qui ont été publiées jusqu'ici, il n'est pas du tout question de la cavalerie française. Aucune mission d'exploration ou même de sécurité ne lui est attribuée, ce qui explique à l'avance certains des incidents survenus ce même jour.

Le terrain où allaient avoir lieu les combats des 2 et 3 janvier est une plaine faiblement ondulée, qui rappelle les aspects habituels de la Picardie et du Vermandois. Elle est presque entièrement découverte en dehors des villages, formés le plus souvent de maisons éparses, construites en briques ou en pisé, couvertes de chaume, d'ardoise ou plus généralement de tuiles, entourées de vergers et de jardins. Ceux-ci sont plantés de grands arbres et bordés de haies épaisses, si bien que, de loin, les centres habités, perdus dans cette masse de végétation, ressemblent à des bouquets de bois. Relativement peu nombreux, ils occupent en général le sommet des pentes et couronnent certaines des croupes faiblement accentuées qui constituent les seuls accidents du terrain. Le fond des vallées qui les séparent, planté quelquefois de saules sur la ligne du thalweg, est suivi d'ordinaire par un chemin ou un fossé à peine apparent. En dehors des villages, de ces bas-fonds, de quelques boqueteaux, il n'y a d'arbres que le long des routes, dont leur grêle silhouette décèle au loin le tracé rectiligne, en ces brumeuses journées de l'hiver de 1870-1871.

Dans son ensemble, le terrain qui vient d'être décrit n'était pas pour favoriser notre mouvement offensif. Nous allions y trouver très peu d'abris contre les feux de l'artillerie et de l'infanterie allemandes, qui devaient nécessairement y produire de grands effets. Le temps était froid et sombre, la terre couverte de neige. A cette date des premiers jours de janvier 1871, il faisait à peine jour avant 8 heures du matin et la nuit tombait dès 4 heures. Avec le goût du détail précis qui le caractérise, le major Kunz écrit que, le 3 janvier, le lever du soleil avait lieu à 8 h. 13 et le coucher à 3 h. 58 ; la température était de — 10° Réaumur. Sous le ciel bas, les lointains s'estompaient dans la brume, rendant incertains le tir aux grandes distances et l'observation des coups. Le sol était suffisamment praticable en dehors des routes, grâce à la gelée.

III

Marche du 22ᵉ corps et combat d'Achiet-le-Grand.

Au 22ᵉ corps, la division Derroja traversa Ransart et Hannescamps, puis se porta sur Bucquoy par Monchy-au-Bois. Le commandant de la 3ᵉ division de cavalerie, général von der Groeben, remarquant le mouvement qui se produisait devant ses avant-postes, se replia sur Puisieux-au-Mont et Miraumont. Le détachement du général von Mirus, parti du sud-est de Bienvillers-au-Bois, le rallia entre Miraumont et Pys, à l'ouest de la route de Bapaume et Amiens. Cette cavalerie n'avait eu à livrer que des escarmouches insignifiantes au sud-est de Monchy et à Bucquoy.

Au moment où le général Derroja entrait dans ce dernier village, la division du Bessol attaquait Achiet-le-Grand. Pour être à portée de la soutenir, Derroja se porta de Bucquoy sur Achiet-le-Petit, où il entra sans coup férir, à l'instant où finissait le combat d'Achiet-le-Grand. C'est là que cantonna sa division.

Quant à celle du général du Bessol, avec laquelle marchait Faidherbe, elle se dirigea, par Boiry-Sainte-Rictrude et Ayette, sur Ablainzevelle, où elle arriva vers midi. A ce moment, son avant-garde signalait la présence de l'ennemi entre ce village et Achiet-le-Grand. C'était un petit détachement sous les ordres du capitaine Lossius, alors réduit à deux compagnies (10e et 11e du 28e), un peloton de hussards et deux pièces ; deux compagnies (9e et 12e du 28e) détachées vers Sapignies, où la brigade von Strubberg combattait la division Payen, n'avaient pas encore reparu.

La veille, comme nous l'avons vu, il y avait à Achiet-le-Grand la 32e brigade d'infanterie (4 bataillons, 4 escadrons, 2 batteries, 2 compagnies de pionniers). Le départ de la plus grande partie de ces troupes pour l'aile droite allemande, effectué dans la matinée du 2, ne laissait plus à Achiet-le-Grand que le détachement Lossius. On ne s'explique pas, d'ailleurs, pourquoi il avait quitté ce village pour se porter sur Ablainzevelle, à la rencontre de forces très supérieures dont l'approche lui avait sans doute été signalée.

Quoi qu'il en soit, Lossius chercha vainement à tenir à la lisière nord du bois de Logeat, entre Ablainzevelle et Achiet-le-Grand. Le 20e chasseurs de marche (brigade du colonel Foerster), qui marchait en avant-garde, menaça de le déborder et l'obligea de hâter sa retraite sur Achiet-le-Grand, village moins important que ne l'indique son nom et que la ligne ferrée d'Arras à Amiens limite vers l'ouest. Sa conformation groupée et sa situation sont assez favorables à la défense. Le capitaine Lossius essaya, là encore, de faire tête et ouvrit un feu très vif sur les chasseurs. Le général du Bessol lança un bataillon, puis deux du 43ᵉ de ligne (69ᵉ de marche), qui attaquèrent le village par le nord, pendant que le 20ᵉ chasseurs continuait son attaque de front vers l'ouest. Enfin, l'une des batteries des la division (3ᵉ du 12ᵉ régiment, de 12) ouvrait le feu du sud-est d'Ablainzevelle.

Après une résistance prolongée, une heure et demie dit l'état-major prussien, les compagnies de Lossius se mirent en retraite, non sans perdre, d'après les relations françaises, quarante ou cinquante prisonniers. Après s'être arrêtées un instant à Bihucourt, elles devaient gagner Bapaume, avec des pertes relativement très fortes. C'est du moins ce qu'écrit le capitaine suédois Axel de Rappe, aujourd'hui général et ancien ministre de la guerre, alors attaché à l'état-major du général Faidherbe. Il ajoute que la division du Bessol eut 30 hommes hors de combat, dont 3 officiers. L'état-major prussien porte à 9 officiers et 96 hommes les pertes du 28ᵉ régiment d'infanterie (auquel appartenaient les deux compagnies de Lossius), dont 2 disparus seulement. Encore la plus grande partie serait-elle imputable au combat de Sapignies. Le capitaine Leclerc, dans ses *Tableaux statistiques* (1), qui ont été rédigés d'après les listes officielles allemandes, publiées journellement pendant la guerre, donne comme pertes du 28ᵉ régiment (1ᵉʳ et 3ᵉ bataillons) 88 hommes hors de combat, dont 4 officiers blessés. Le total des disparus de ce jour serait de 29 ; l'*Historique des chasseurs à pied*, du capitaine Ri-

---

(1) *Campagne de 1870-1871. Tableaux statistiques des pertes des armées allemandes*, 2 vol. Paris, 1872.

chard, porte que le 20ᵉ bataillon prit une trentaine d'hommes à Achiet-le-Grand. Nous avons eu entre les mains un carnet sur lequel étaient écrits, par l'un d'eux, les noms de six prisonniers du 28ᵉ, dont l'un blessé, faits dans une maison à Achiet-le-Grand (1). D'après cela, il est permis de croire que, dans la relation prussienne, les chiffres des pertes ne sont pas rigoureusement exacts pour les 2 et 3 janvier.

Pendant que Lossius gagnait Bapaume, le 20ᵉ chasseurs de marche poussait jusqu'à Biefvillers, où il s'installait à quinze cents mètres de la ville.

Le reste de la division du Bessol cantonnait à Achiet-le-Grand et Bihucourt, à 4 et 5 kilomètres de Bapaume. A sa gauche la division Payen avait livré à Sapignies, sur la route d'Arras à Bapaume, un combat malheureux dont nous allons parler. Le commandant Hecquet, du 20ᵉ chasseurs, laissé sans ordres, dit-on, jugea sa position trop aventurée et crut devoir rejoindre sa division (7 heures du soir). Malheureusement, l'évacuation de Biefvillers allait nous obliger à livrer le lendemain un combat très vif pour reprendre ce village.

IV

Mouvement du 23ᵉ corps. Combats de Béhagnies et de Sapignies.

La division du capitaine de vaisseau Payen suivait la route d'Arras à Bapaume. A Ervillers, le 19ᵉ chas-

---

(1) Carnet de campagne obligeamment prêté par M. le lieutenant-colonel Boëlle, alors sergent au 8ᵉ bataillon de marche d'infanterie de marine. Ces prisonniers paraissent être tous de la 10ᵉ compagnie.

seurs de marche, qui formait l'avant-garde avec une section de 12 (1), apprit de quelques habitants que les Prussiens n'occupaient pas Béhagnies, à 2 kilomètres environ au sud, sur la route. C'est un petit village, assez disséminé, qui s'étend le long de cette chaussée et à l'ouest, sur des pentes qui descendent doucement vers Ervillers. Au sud et à 500 mètres environ est situé Sapignies, centre un peu plus important, mais dont la constitution est analogue. Ses maisons éparses, reliées par des vergers et des jardins, dominent tout le terrain d'alentour, notamment vers Béhagnies au nord, Favreuil et Beugnâtre au sud-est.

Le commandant de la 30ᵉ brigade d'infanterie prussienne, général von Strubberg, avait détaché le 1ᵉʳ bataillon du 28ᵉ dans Sapignies et un autre, le 2ᵉ, dans Favreuil, avec deux escadrons (2ᵉ et 3ᵉ) du 7ᵉ hussards. Quand notre approche lui fut signalée, il jeta dans Béhagnies l'un de ces bataillons (le 1ᵉʳ) ; il en appela deux autres (2ᵉ et 3ᵉ du 68ᵉ) de Bapaume et de Frémicourt (3 et 5 kilomètres de Sapignies environ) avec un nouvel escadron (le 1ᵉʳ) du 7ᵉ hussards et dix pièces (deux sections de la 2ᵉ lourde et 2ᵉ légère). Enfin, il invitait le capitaine Lossius à faire d'Achiet-le-Grand une démonstration sur notre flanc droit, ordre d'une opportunité contestable, puisqu'il conduisait Lossius à s'affaiblir de deux de ses compagnies au moment où lui-même allait être attaqué et qu'il augmentait la dissémination déjà trop grande des forces prussiennes. Il en résulta que le détachement d'Achiet-le-Grand fut rejeté avec des pertes sur Bapaume, comme nous l'avons vu.

Pendant que le général von Strubberg prenait rapidement ces dispositions, notre avant-garde poussait sur Béhagnies sans prendre la moindre précaution pour se

---

(1) De la 4ᵉ batterie *bis* du 15ᵉ régiment.

couvrir, dans la conviction que ce village n'était pas occupé, comme l'avaient dit les habitants d'Ervillers. Non seulement elle n'était précédée d'aucune cavalerie, mais elle n'avait même pas devant elle d'éclaireurs d'infanterie. « Le 19ᵉ chasseurs de marche et la section d'artillerie attachée à l'avant-garde, écrit le capitaine de Rappe, font ainsi leur entrée dans les rues du village ; le gros de la division suit, quand tout à coup, de toutes les maisons, éclate un feu meurtrier... » Il y eut un instant de surprise et presque une panique. La section de 12 qui marchait avec les chasseurs fut entourée et faillit être enlevée. Dégagée par eux, elle fit demi-tour au galop, non sans mettre toute la division en désordre. Elle reflua jusqu'à Ervillers, à près de deux kilomètres au nord.

Cette fois, le capitaine de vaisseau Payen jugea nécessaire de diriger sur Béhagnies une attaque convergente. Un bataillon de fusiliers-marins devait attaquer le village par l'est, un autre par l'ouest et un troisième de front. Le 48ᵉ mobiles (du Nord) suivrait en réserve. Le 19ᵉ chasseurs de marche était disloqué entre les trois bataillons de 1ʳᵉ ligne — singulière disposition qui ne peut s'expliquer que par l'inexpérience des fusiliers marins pour la guerre terrestre —. Deux batteries de 4, les 5ᵉ batterie *ter* du 15ᵉ régiment et 1ʳᵉ batterie montée des mobiles du Pas-de-Calais, avaient pris position, à la sortie sud d'Ervillers, de chaque côté de la route et canonnaient Béhagnies à bonne portée (environ 2.000 mètres). Enfin, la 2ᵉ brigade de la division restait en réserve au nord d'Ervillers, c'est-à-dire à près de 3 kilomètres de la lisière de Béhagnies et par conséquent fort loin.

Cette attaque ne réussit qu'en partie. La colonne de droite des fusiliers-marins se laissa entraîner vers l'ouest, dans la direction de Gomiécourt, par l'apparition des deux pièces et du peloton de hussards, que le capitaine Lossius avait envoyés d'Achiet-le-Grand. Elle ne prit aucune part à l'attaque de Béhagnies. Quant à la colonne du centre, elle aborda ce village avec entrain et en conquit les maisons une par une, tandis que celle de gauche les tournait par l'est. Le bataillon prussien se rejeta sur Sapignies, où affluaient déjà les renforts appelés par le général von Strubberg. Un second bataillon du 28ᵉ (le 2ᵉ) se déploya sur la croupe à l'est du village et dix pièces le prolongèrent. De plus, les deux compagnies et la section d'artillerie du capitaine Lossius arrivaient d'Achiet-le-Grand (midi 30). Notre colonne du centre ne put déboucher de Béhagnies. En même temps, l'artillerie prussienne soutenait à 2.500 mètres environ un vif combat contre nos deux batteries d'Ervillers, qui avaient été renforcées de la 3ᵉ batterie de la division Payen, la 4ᵉ batterie *bis* du 15ᵉ régiment (12), en position plus à l'ouest.

Elle arrêtait notre colonne de gauche, qui, après avoir contourné Béhagnies vers l'est, s'était déployée au fond d'un vallon perpendiculaire à la route d'Arras, face aux batteries ennemies. Deux de nos bataillons de réserve étaient entrés en ligne, en sorte qu'il y avait là, déployées, plusieurs compagnies du 19ᵉ chasseurs de marche à gauche, vers Mory ; puis un bataillon de fusiliers-marins et deux bataillons de mobiles (9ᵉ et 8ᵉ bataillons du Nord, 48ᵉ mobiles).

Nos tirailleurs, abrités par les saules du vallon, faisaient éprouver de fortes pertes aux deux batteries prussiennes et à leur compagnie de soutien, placées à 500 mètres environ. Déjà cette artillerie amenait les avant-trains pour se retirer, quand le commandant du groupe, major Mertens, lui enjoignit de reprendre le feu. A ce moment marins et chasseurs s'élançaient sur les pièces prussiennes, que, déjà, ils croyaient en leur pouvoir. Une décharge de mitraille à 300 mètres les décima. Puis, saisissant avec un rare à propos l'instant favorable, deux pelotons du 7ᵉ hussards (1) les chargeaient de flanc et les culbutaient sur les mobiles. La ligne tout entière fut entraînée dans un mouvement immédiat de retraite ; l'ennemi reprit l'offensive et réoccupa Béhagnies en faisant 250 prisonniers. La 1ʳᵉ brigade se retira en désordre sur Ervillers, où elle fut recueillie par la 2ᵉ, que Payen avait déployée pour la recevoir.

Nous trouvons là un exemple typique de charge exécutée par une petite fraction de cavalerie divisionnaire et aboutissant à un heureux résultat. A la seule inspection de la carte, il est aisé de se rendre compte de ce qui se passa. Les deux pelotons du 7ᵉ hussards sont sans doute à l'aile extérieure des batteries, masquées du côté de Béhagnies par l'épanouissement de la croupe sur laquelle est postée cette artillerie. Au moment où nos tirailleurs se jettent sur celle-ci, les cavaliers prussiens contournent rapidement le mouvement de terrain et se portent dans leur flanc par un mouvement de peloton à gauche. L'effet de surprise est complet.

Cet exemple montre aussi la nécessité pour une ligne d'infanterie de garder avec soin ses flancs, surtout aux instants critiques, attaque décisive, contre-attaque, retraite, etc.

Le succès des Allemands s'arrêta là. Notre artillerie continua d'entretenir une lutte très vive contre la leur, malgré l'infériorité du calibre et du matériel. Elle réussit même à empêcher la brigade von Strubberg de sortir

---

(1) Commandés par un officier dont le nom était bien connu à la cour de Napoléon III, le lieutenant comte de Pourtalès.

de Béhagnies. Mais nous ne pouvions pas davantage déboucher d'Ervillers. Les deux adversaires restaient donc en présence jusqu'à la fin du jour. L'offensive prussienne était si bien arrêtée que l'on mettait Béhagnies en état de défense, sur l'ordre du général von Kummer, commandant la 15° division.

A la nuit, la division Payen cantonnait dans Ervillers; la brigade von Strubberg se voyait fortement compromise, dans Béhagnies et Sapignies, par l'occupation sur son flanc gauche et ses derrières d'Achiet-le-Grand, de Bihucourt et même, un instant, de Biefvillers. A 7 heures du soir — l'heure même où le commandant Hecquet quittait Biefvillers — elle évacuait les deux villages que nous n'avions pu lui arracher, et se retirait sur Bapaume. Malgré les fautes commises dans l'offensive de la division Payen, l'ennemi était donc, dans cette direction aussi, refoulé sur ses positions principales de défense.

Pendant que ces événements se passaient à la droite du 23° corps, la division Robin débouchait tardivement de Saint-Léger sur Mory, à 1.500 mètres au sud-est d'Ervillers, après avoir marché « avec une lenteur inouïe » et sans avertir le commandant du 23° corps de sa présence. (Rapport du général Paulze d'Ivoy.)

A 2 h. 30 seulement (1), des patrouilles prussiennes dirigées vers Mory annonçaient son approche au général von Kummer. Aussitôt il porta sur ce village un bataillon (3° du 68°), tandis qu'un escadron du 7° hussards couvrait sa droite entre Mory et Beugnâtre, sur le chemin de Vraucourt à Sapignies. En approchant de Mory, le bataillon du 68° y jeta sa compagnie d'avant-garde (la 11°). Mais déjà les mobilisés y entraient (2°

---

(1) Le rapport du général Paulze d'Ivoy analysé dans les *Opérations de l'armée française du Nord* dit même 3 h. 30.

bataillon du 1ᵉʳ régiment du Nord). Bien que ces gardes nationaux, armés de fusils à piston, fussent des adversaires à peu près négligeables, la compagnie prussienne jugea prudent de se replier sur son bataillon, qui se déploya en occupant un large front au nord de Favreuil et de Beugnâtre A plusieurs reprises la division Robin fit mine de se porter en avant ; elle montra son artillerie (du 4 de montagne !), mais là se bornèrent ses velléités d'offensive. D'ailleurs la nuit venait rapidement. Elle cantonnait à Mory, Vaulx-Vraucourt et Ecoust-Saint-Mein, après avoir joué dans cette journée un rôle purement démonstratif. Le soir, le général Faidherbe ignorait même ses emplacements, ainsi qu'en témoigne l'ordre suivant, reproduit par le capitaine de Rappe : « Pas de nouvelles du général Robin. On doit essayer de communiquer à la division Robin l'ordre de rejoindre la division Payen (1). »

Quant aux Prussiens, ils cantonnaient un régiment, le 68ᵉ, à Favreuil (30ᵉ brigade), un bataillon du 65ᵉ dans chacun des villages de Frémicourt et de Beugnâtre (29ᵉ brigade), un bataillon du 33ᵉ à Avesnes-les-Bapaume avec une compagnie d'avant-postes à Biefvillers et une autre à Grévillers (29ᵉ brigade). Le reste des troupes passait la nuit dans Bapaume.

On remarquera que le 68ᵉ (30ᵉ brigade) était intercalé entre des fractions de la 29ᵉ, disposition fâcheuse en tous points et qu'il eût été facile d'éviter.

---

(1) D'après les *Opérations de l'armée française du Nord*, le général Faidherbe télégraphiait au commissaire général de la Défense nationale Testelin, le soir du 2 janvier « Pas de nouvelles du général Robin. A l'extrême gauche, la division Payen a échoué dans l'attaque d'Ervillers *(sic)* avec des pertes considérables ; la 1ʳᵉ brigade de la division du Bessol a enlevé les villages d'Achiet-le-Grand et de Bihucourt. La 2ᵉ brigade de la 2ᵉ division et la division Derroja n'ont pas été engagées ».

V

Dispositions pour le 3 janvier.

La journée du 2 janvier se résumait en un échec pour nos adversaires : ils avaient été forcés de se retirer sur tous les points où nos troupes avaient pris leur contact. Seule, la vigoureuse résistance de la brigade von Strubberg avait empêché cette retraite de devenir définitive, en arrêtant la marche de notre gauche.

Par contre, l'offensive de Faidherbe ne donnait pas tous les résultats qu'il était fondé à en attendre, d'après la dissémination des troupes prussiennes. En raison de ce fait qu'il était imparfaitement renseigné la veille sur leur répartition, les éléments les moins consistants de l'armée du Nord s'étaient heurtés au gros de l'ennemi, tandis que les meilleurs rencontraient des forces insignifiantes.

Le général fut informé dans la soirée seulement de l'échec de Sapignies. Un instant il crut même Ervillers au pouvoir des Prussiens : un officier de mobilisés attaché à l'état-major du 23° corps avait confondu ce village avec Béhagnies. Le lendemain matin, il apprit à sa grande satisfaction l'évacuation de Béhagnies et de Sapignies. Déjà le commandant du 23° corps, général Paulze d'Ivoy, les avait fait réoccuper.

Le général en chef ne se laissa pas décourager par l'échec de la division Payen, bien qu'il le crût beaucoup plus grave qu'il n'était en réalité. Il prescrivit la reprise de l'attaque pour le lendemain. Au 23° corps on renouvellerait le mouvement offensif qui avait échoué la veille : la division Robin tournerait Béhagnies, Sapignies et Favreuil par l'est, tandis que le capitaine de vaisseau Payen marcherait droit sur Bapaume par la route d'Arras, en attaquant ces villages de front. Au 22⁰ corps, le général du Bessol prendrait d'abord pour objectif Béhagnies et Sapignies, qu'il attaquerait par l'ouest ; le général Derroja marcherait d'Achiet-le-Petit sur Ervillers. La désignation de cet objectif paraît d'ailleurs avoir été le résultat d'une erreur.

D'après le capitaine de Rappe, l'officier qui transmit cet ordre au 22⁰ corps confondit Ervillers avec Béhagnies qu'avait indiqué le général Faidherbe. Si ce fait est exact, il ne témoigne pas en faveur de la manière dont le service d'état-major se pratiquait à l'armée du Nord.

Quoi qu'il en soit, l'armée allait exécuter sur la ligne Ervillers - Béhagnies - Sapignies - Favreuil - Bapaume une attaque de front partielle combinée avec une attaque de flanc et un mouvement tournant à gauche ; la grande supériorité numérique dont elle disposait semblait devoir lui en faciliter l'exécution.

Tous ces ordres étaient basés sur une simple hypothèse, celle que les Allemands avaient exécuté un changement de front perpendiculaire pour faire face à l'ouest, le long de la route Bapaume - Arras. Elle était purement gratuite, nous l'avons vu, et pouvait même passer, à première vue, pour invraisemblable. Mais l'absence de cavalerie et même de service de renseignements organisé explique dans une certaine mesure que Faidherbe l'ait admise.

De son côté, le général von Goeben arrêtait les dispositions suivantes : la 15ᵉ division, général von Kummer, défendrait énergiquement les abords de Bapaume ; la 3ᵉ division de cavalerie porterait sur notre flanc droit et nos derrières une brigade et deux pièces, qui se montreraient, de manière à nous inquiéter pour la sûreté de

BATAILLE DE BAPAUME (2 et 3 janvier 1871).

Échelle du 80,000°.

nos communications. Le reste de la division (1 bataillon, 4 escadrons, 2 sections d'artillerie à cheval) resterait à Pys, afin de couvrir l'extrême gauche de la 15ᵉ division.

Le prince Albert de Prusse quitterait Fins et serait établi avant 9 heures du matin à Bertincourt (9 kilomètres à l'est de Bapaume), avec une fraction de ses troupes (3 bataillons, 3 batteries, 8 escadrons). Un escadron resterait en observation à Leschelles, entre Fins et Bertincourt. Deux autres se porteraient vers Cambrai pour couvrir la 15ᵉ division d'une attaque possible dans cette direction.

En outre, Goeben s'assurait une réserve. Il prescrivait au 8ᵉ bataillon de chasseurs et aux deux batteries à cheval demeurés à Combles d'être établis à 9 heures du matin au Transloy, à 6 kilomètres sud-est de Bapaume, sur la route de Péronne. A la même heure, trois bataillons et quatre batteries détachés du corps de siège seraient à Sailly-Saillisel, à 3 kilomètres au delà du Transloy, vers Péronne. Il y avait un inconvénient certain à affaiblir ainsi les troupes qui investissaient cette place, mais l'attitude passive de sa garnison ne faisait craindre aucune sortie.

Dans les dispositions qui précèdent, on remarquera l'emplacement assigné au prince Albert, à 9 kilomètres vers l'est de Bapaume. Il y a lieu de se demander pourquoi, se sachant très inférieur en force numérique, le général von Goeben n'appelle pas directement le prince à Bapaume. C'est sans doute parce qu'il n'a pas encore reconnu la fausseté des renseignements qui représentent l'armée du Nord comme ayant sa masse principale autour de Cambrai. De là l'obligation de faire surveiller cette direction en même temps que celle de Bapaume à Arras. Mais il pourrait y consacrer quelques escadrons, en massant toute son infanterie autour de Bapaume.

En attendant l'arrivée des renforts que le général von Goeben pourrait lui envoyer, Kummer allait supporter tout l'effort de notre armée. Il prit les dispositions suivantes : dans la matinée du 3 janvier, la 30° brigade, laissant à Favreuil cinq compagnies (4° et II° bataillon) du 68°, se rassembla au nord de Bapaume avec le 7° hussards et deux batteries (2° lourde et 2° légère) ; la 29° brigade, moins les trois bataillons détachés la veille aux deux ailes de la position, c'est-à-dire à Frémicourt (II° du 65°), Beugnâtre (I°r du 65°), Avesnes-les-Bapaume, Biefvillers et Grévillers (II° du 33°), se forma au sud de la ville avec deux batteries (I°r du 33°, III° du 65°, 1re batterie lourde et 1re légère).

Pendant la nuit, Bapaume avait été mis en état de défense par les pionniers. Cette petite ville, de 3.000 habitants environ, jadis place forte, a été déclassée en 1846 ; son enceinte servit même à des expériences de tir de siège qui eurent un grand retentissement. Il en subsistait une partie au sud-ouest et au sud ; les fossés étaient intacts en ces points. Ailleurs, un boulevard planté d'arbres remplaçait les anciens remparts. Les Prussiens eurent donc toute facilité pour organiser la défense. Dans la nuit du 2 au 3 et pendant la journée suivante, ils crénelèrent plusieurs maisons à l'entrée nord et près du marché. Des barricades fermèrent les issues principales. Ces travaux furent continués pendant la bataille. Ils facilitèrent beaucoup la tâche de la 15° division, à laquelle ils donnaient un véritable réduit de position défensive. Il faut noter que les abords de Bapaume sont découverts ; en dehors des faubourgs qui s'allongent sur les routes principales, en particulier celles d'Arras et de Péronne, le terrain est généralement peu mouvementé et les abris y manquent presque entièrement. Les cheminements d'une attaque possible sont marqués par le hameau de Saint-Aubin, au nord-est, et le village d'Avesnes-les-Bapaume, au nord-ouest, au fond d'une vallée assez profonde, la seule des abords immédiats de la ville.

Quatre grandes routes rayonnent en ligne droite de Bapaume vers Arras, Cambrai, Péronne et Amiens. En outre, un embranchement de voie ferrée relie la ville à la station d'Achiet-le-Grand, sur le chemin de fer de Paris à Lille par Amiens. L'importance de Bapaume comme centre de communication est donc assez grande. Elle lui a valu un rôle dans toutes les guerres qui ont eu l'Artois et la Picardie pour théâtre, notamment pendant la campagne de Turenne en 1654.

VI

La bataille aux ailes de Faidherbe.

En face de notre extrême droite, le détachement du général comte zu Dohna (une brigade de cavalerie, 5e, 14e uhlans et deux pièces de la 1re batterie à cheval), parti de Courcelette, se dirigea par Miraumont, Puisieux-au-Mont, Hébuterne et Hannescamps sur Bucquoy, Ablainzevelle et Achiet-le-Grand. Il canonna sans succès des fractions du 22e corps et attaqua même le convoi et l'ambulance de la division Derroja, au moment où ils traversaient le bois de Logeat : attaque menée bien peu énergiquement, puisque sept dragons français, qui marchaient avec le bataillon de mobiles d'escorte, mirent pied à terre à l'entrée nord du bois et que leur feu suffit à l'arrêter.

Des troupes françaises revenaient à ce moment de la direction de Bapaume vers Achiet-le-Grand. Leur approche détermina la brigade prussienne à se retirer (1) sur Hébuterne et Sailly-au-Bois, sans que sa démonstration à grande envergure eût obtenu le moindre résultat positif. Elle n'avait perdu en tout que 2 hommes et 3 chevaux, ce qui n'indique pas beaucoup de *perçant* chez elle. Resterait à savoir si ce n'est pas justement l'apparition sur notre flanc droit de ce groupe de cavalerie qui provoqua le retour vers Achiet-le-Grand d'une partie du 22e corps. Dans ce cas, la démonstration en question n'aurait pas été inutile, loin de là, car elle contribua sans doute à ralentir les progrès de notre droite. Toutefois, à notre connaissance, les documents d'origine française ne contiennent aucune indication à cet égard.

A l'aile opposée du général Faidherbe, la cavalerie prussienne faisait montre de plus d'activité. Deux escadrons (1er et 4e) des hussards de la garde avaient été détachés de Fins vers Cambrai, sous les ordres du colonel von Hymmen, avec mission d'observer cette place. Après avoir dépassé Havrincourt, ils atteignirent la route de Cambrai et aperçurent une colonne française de trois bataillons et deux pièces en marche vers Bapaume. Ils se dissimulèrent dans un pli de terrain, et Hymmen porta des hussards à pied, en tirailleurs, à notre rencontre. Nos bataillons se laissèrent tromper par cette inoffensive démonstration et rétrogradèrent sur Cambrai. Les hussards demeurèrent jusqu'au soir en position, face à cette direction. Du moins, telle est la version allemande de cet inscident. En réalité, il ne présenta pas du tout cet aspect.

---

(1) Peut être 3 bataillons du 67e de marche reportés en réserve vers Biefvillers, par ordre de Faidherbe. *(Opérations de l'armée française du Nord*, 140.)

Un bataillon de la garde nationale sédentaire de Cambrai faisait une reconnaissance sur la route de Bapaume, avec une pièce et 15 éclaireurs à cheval appartenant à cette même garde nationale, le tout sous les ordres d'un ancien officier, M. Ozaneaux. Les 15 éclaireurs avaient poussé jusqu'à Boursies ; en revenant, ils virent de loin, vers Havrincourt, 12 cavaliers prussiens qu'ils essayèrent vainement de couper et qui s'enfuirent. C'est à ce mouvement rétrograde que se borna le fait d'armes du colonel von Hymmen (1).

VII

La bataille au centre de Faidherbe.

L'action véritable s'engagea au centre des positions allemandes, sur la route d'Arras à Bapaume. Le capitaine de vaisseau Payen établit deux batteries, les 3ᵉ *ter* (4) et 4ᵉ *bis* (12) du 15ᵉ régiment, sur la croupe à l'est de Sapignies et une troisième à l'ouest, la 1ʳᵉ batterie montée des mobiles du Pas-de-Calais (4). Puis la brigade du capitaine de frégate de Lagrange tentait de déboucher de ce village sous la protection de ces dix-huit pièces, tandis que celle du lieutenant-colonel Michelet, si éprouvée la veille aux mêmes points, restait en réserve au nord de Sapignies.

Le général von Strubberg avait été averti de nos mouvements préliminaires par les patrouilles du 7ᵉ hussards. Il porta deux batteries (2ᵉ lourde et 2ᵉ légère) et deux bataillons (Iᵉʳ du 28ᵉ et IIIᵉ du 68ᵉ) entre Favreuil

---

(1) Renseignements dus à l'obligeance de M. le capitaine breveté Lévi, du 110ᵉ, ancien officier d'ordonnance du général Alessandri, à Cambrai.

et la route d'Arras. Quant à ce village, il était occupé par cinq compagnies (4ᵉ et IIᵉ bataillon du 68ᵉ). On remarquera ce dispositif, qui eut pour résultat de disloquer deux régiments dès le début de l'action. Il semble qu'il eût été préférable de déployer deux bataillons du même corps.

D'ailleurs, les munitions d'artillerie brûlées la veille n'avaient pas encore été remplacées. C'est du moins ce qu'assure l'état-major prussien dans sa relation officielle, et ce fait paraît peu explicable, vu la distance restreinte entre la brigade Strubberg et les réserves. Quoi qu'il en soit, les batteries prussiennes attendirent, pour ouvrir le feu à 1.800 mètres, que les nôtres entrassent en action sur chacun des flancs de Sapignies. Mais alors elles prirent une grande supériorité et obligèrent les deux batteries placées à l'est du village à se reporter en arrière. L'une de leurs pièces fut même démontée. En même temps, les batteries allemandes empêchaient la brigade de Lagrange de déboucher de Sapignies. Sur ce point, le combat resta donc un instant stationnaire.

Voyons maintenant comment se produisait l'attaque du général du Bessol, à la droite de la division Payen.

A 6 heures du matin, il avait rassemblé ses bataillons en colonnes serrées à l'est de Bihucourt et d'Achiet-le-Grand. Puis, selon les ordres de la veille, il commençait son mouvement sur Béhagnies et Sapignies, qu'il croyait encore occupés par l'ennemi. Deux bataillons qui formaient son avant-garde, le 8ᵉ bataillon de marche d'infanterie de marine et le 20ᵉ chasseurs de marche, allaient même ouvrir le feu sur les têtes de colonne de la division Payen, quand ils apprirent la retraite des Prussiens. Le général du Bessol, en recevant communication de ce renseignement, était invité à se rabattre sur Bapaume. Aussitôt, laissant à Sapignies deux compagnies destinées à le relier au 23ᵉ corps, il ramenait son avant-garde vers Bihucourt, où son gros était rassemblé.

Le jour commençait à poindre ; la présence des Prussiens était signalée à Biefvillers, petit village de forme groupée, qui s'élève au sommet d'une croupe faiblement accentuée. Grévillers, à 1.500 mètres au sud-ouest, est également dans une situation dominante. Vers l'est, au contraire, Avesnes-les-Bapaume est tout à fait dans un fond. On ne le voit même pas du faubourg d'Arras, simple rangée de constructions en briques, basses et peu importantes, qui prolonge Bapaume au nord et couronne un renflement de terrain assez marqué. Les abords de ce faubourg et de la ville sont généralement découverts dans la direction de l'ouest et du nord. A l'est, une sucrerie et le cimetière attirent surtout l'attention, ainsi que le hameau de Saint-Aubin, qui est dans le voisinage immédiat de la ville, avec des abords très découverts. A l'ouest, dans l'angle de la route d'Amiens et de la voie ferrée, se dresse l'usine à gaz. La gare est plutôt en contre-bas. Elle n'a pas d'importance en tant que construction.

Les villages de Biefvillers et de Grévillers étaient occupés par deux compagnies prussiennes (5ᵉ et 6ᵉ du 32ᵉ), constituant en quelque sorte une ligne d'avant-postes face à l'ouest. Le général du Bessol fit attaquer Biefvillers par un bataillon du 43ᵉ de ligne (69ᵉ de marche), qui rencontra une résistance énergique, malgré l'infériorité numérique de l'adversaire, et dut même être renforcé de deux compagnies du 20ᵉ chasseurs de marche. Un bataillon du 44ᵉ mobiles (Gard) suivait en réserve. De plus, l'une des batteries de la division intervenait dans cette attaque, mais tardivement, alors qu'elle était déjà commencée. Une fraction du 43ᵉ se servit d'un chemin creux situé au nord pour déboucher sur la hauteur et gagner la rue principale, celle qui va vers Favreuil. Menacés d'être coupés de leur ligne de retraite, les Prussiens se replièrent sur Avesnes-les-Bapaume où ils furent recueillis par le 1ᵉʳ bataillon du 33ᵉ, que le commandant de la brigade, colonel von Bock, venait d'y porter. Ces cinq compagnies, soutenues par une batterie (1ʳᵉ légère) en position au nord de Bapaume, près des moulins de la cote 128, font alors un retour offensif, refoulent nos tirailleurs et rentrent dans Biefvillers, où commence un combat acharné à la baïonnette. Chaque maison doit être prise d'assaut. Les bataillons du colonel Foerster combattent énergiquement pour conserver leur conquête ; le 1ᵉʳ bataillon du 33ᵉ prussien perd tous ses officiers moins trois, mais il reprend la plus grande partie du village.

Il ne semble pas que la deuxième brigade de la division du Bessol soit intervenue pour soutenir celle du colonel Foerster. Le gros de celle-ci ne paraît même pas avoir été engagé dans ce combat si mal conduit. Heureusement, le général Derroja ne tardait pas à intervenir. On se rappelle qu'il avait reçu ordre de se porter d'Achiet-le-Petit sur Ervillers, que les Prussiens n'avaient pas un instant occupé. Il en fut averti à hauteur d'Achiet-le-Grand, en même temps qu'il recevait ordre de se porter sur Grévillers par Bihucourt. Il assigna cette direction à l'une de ses brigades, celle du colonel Pittié, tandis qu'avec l'autre le lieutenant-colonel Aynès marchait sur Biefvillers, pour intervenir dans le violent combat qu'y soutenaient alors les bataillons de Foerster. Il était environ 9 heures du matin.

L'exemple de solidarité donné par le général Derroja mérite d'être noté, d'autant que nous avions eu plus d'une fois à déplorer le contraire au début de la guerre. Quoi qu'il en soit, le lieutenant-colonel Aynès porta de Bihucourt sur Biefvillers le 2ᵉ chasseurs de marche. Ce bataillon déploya trois compagnies, l'une sur le chemin, une autre à droite et la troisième à gauche. Elles étaient couvertes par des tirailleurs, et le reste du bataillon (trois compagnies) suivait en colonne. Le 2ᵉ chasseurs attaqua ainsi le village par l'ouest, pendant que les fractions de la brigade Foerster reprenaient l'offensive dans la partie nord et qu'une fraction du 67ᵉ de marche prolongeait notre ligne au sud. Comme il arrive d'ordinaire, cette menace d'enveloppement détermina la retraite des Prussiens. Ils se replièrent sur Avesnes-les-Bapaume, où ils furent recueillis par six compagnies (7ᵉ et 8ᵉ du 33ᵉ, IIIᵉ bataillon du 28ᵉ). Les cinq compagnies engagées à Biefvillers avaient subi des pertes peu ordinaires : 11 officiers et 205 hommes, c'est-à-dire 29,3 p. 100 de leur effectif combattant, d'après le major Kunz. Une autre batteries (1ʳᵉ lourde) avait rejoint la 1ʳᵉ légère aux moulins à vent du faubourg d'Arras. Elles ralentirent nos progrès.

Pendant que Biefvillers était ainsi enlevé, la brigade Pittié s'emparait de Grévillers sans difficulté, en rejetant sur Avesnes la compagnie d'avant-postes (6ᵉ du 33ᵉ) qui l'occupait. Les trois batteries (deux batteries de 4, une de 8) de la division Derroja venaient prendre position sur la longue croupe au sud-ouest de Biefvillers. Deux des batteries du général du Bessol (une de 4, une de 12) avaient déjà ouvert le feu au nord-est du village, près du chemin de Favreuil. Sous la protection de ces trente pièces, en batterie à 2.000 mètres environ de la lisière nord-ouest de Bapaume, nos tirailleurs gagnaient lentement du terrain sur Avesnes (vers midi), tout en s'étendant par leur droite dans la direction de la route d'Amiens. Ce mouvement enveloppant menaçait de la façon la plus directe l'une des deux lignes de retraite de notre adversaire. La brigade von Strubberg se maintenait encore entre Favreuil et la route d'Arras, mais sa situation devenait des plus délicates.

A gauche, elle était débordée par la division du Bessol ; si, à droite, les mobilisés du général Robin avaient opéré le mouvement dont ils étaient chargés, sa position eût été intenable. Mais il n'en fut rien.

VIII

La bataille à la gauche de Faidherbe. Prise de Favreuil.

Vers 8 heures du matin, le général von Kummer était averti de la marche de la division Robin, qui avait alors dépassé Mory et semblait se diriger vers le sud. Ses batteries de montagne ouvraient même le feu sur Beugnâtre, à 3.000 mètres environ de Mory. Kummer renforçait aussitôt d'un second bataillon (IIIe du 65e) celui qui occupait Beugnâtre (Ier du 65e). Le général von Goeben venait de lui envoyer les deux batteries à cheval de la réserve (2e et 3e du VIIIe corps). Il les porta au nord-est de ce village, vers la cote 121, et leur fit ouvrir le feu sur les têtes de colonne des mobilisés. Elles s'arrêtèrent au premier obus.

Non contentes de ce résultat, les deux batteries prussiennes allèrent prendre une deuxième position, à 800 pas plus loin, et canonnèrent nos mobilisés à 1.200 pas. L'effet fut immédiat ; ces gardes nationaux s'enfuirent sur Mory, et Robin ne put les remettre en ligne de tout le jour. Seul, un bataillon de voltigeurs du Nord prit part, un peu plus tard, à l'attaque de Favreuil. Quant aux deux batteries prussiennes, laissées inactives par cette retraite précipitée, elles prirent sous un feu d'écharpe l'artillerie de la division Payen, encore postée aux abords est de Sapignies (midi environ), mais sans obtenir, à beaucoup près, un résultat aussi décisif. Pourtant nos batteries souffrirent au point de demander au 24° chasseurs de marche une quinzaine d'hommes de bonne volonté, destinés à aider au service des pièces. Il se produisit alors un temps d'arrêt dans l'attaque.

La situation de l'ennemi était fort compromise. Sa droite n'avait pas encore été sérieusement engagée, mais elle restait sans point d'appui et de fortes masses avaient un instant paru devant elle. Quant au centre, il était écrasé par les feux convergents d'une artillerie supérieure en nombre ; sa gauche, rejetée sur plusieurs points, allait être tout à fait débordée.

Dans cette situation critique, le général von Kummer jugea, dit la relation officielle, qu'il devait se borner à tenir énergiquement dans Bapaume, qui constituait en quelque sorte le réduit de sa position. De la sorte, il pourrait attendre l'entrée en ligne des renforts que le général von Goeben et le prince Albert lui enverraient infailliblement. En outre, sa résistance donnerait à la cavalerie des ailes la possibilité d'intervenir si les circonstances s'y prêtaient.

Cette décision du général prussien était, à la fois, la plus prudente et la seule pouvant le conduire au résultat visé : tenir l'armée du Nord loin de Péronne. Etant donnés les circonstances, l'effectif et la nature de nos troupes, une retraite exécutée dans l'après-midi du 3 eût très probablement coûté plus de sacrifices que la continuation de la défense réduite à Bapaume et à ses abords immédiats. Elle aurait eu, presque nécessairement, les conséquences les plus graves.

Quoi qu'il en soit, Kummer jugea nécessaire de ramener son artillerie derrière la ville, peut-être pour la sauvegarder. Les deux batteries de la brigade von Strubberg (2° lourde et 2° légère) avaient dû abandonner leur emplacement à l'ouest de Favreuil, pour se replier vers Saint-Aubin, où elles restaient inactives. Elles furent ramenées aux moulins à vent au sud-est de Bapaume, où les deux batteries (1re lourde et 1re légère) en position au faubourg d'Arras allaient venir les rejoindre, après avoir couvert la retraite de l'infanterie chassée de Biefvillers et de Grévillers. Dans l'intervalle, le général von Strubberg continuait de se maintenir entre Favreuil et la route d'Arras. Pour parer au mouvement offensif que les divisions du Bessol et Derroja exécutaient contre sa gauche, il dirigea un bataillon (Ier du 28e) face à Biefvillers ; un autre (IIIe du 28e) s'était déjà porté en soutien de la 29e brigade, dont la situation à Avesnes-les-Bapaume et Bapaume s'aggravait d'instant en instant. Ces renforts prolongèrent quelque temps la défense de la gauche prussienne.

Mais le ciel s'était un peu éclairci, et notre artillerie réglait plus aisément son tir. Les trois batteries de la division du Bessol, en position au nord-est de Biefvillers — 2e batterie *ter* et 3e *bis* du 15e régiment (4) ; 2e du 12e (12) — prenaient d'écharpe celles du général von Strubberg à l'est de la route d'Arras. Trois autres, dont deux de 4 appartenant à la division Derroja (les 1re et 2e *bis* du 15e régiment) et une de 12 de la réserve, se tenaient entre Biefvillers et la voie ferrée d'Achiet à Bapaume.

Ces trente pièces parvinrent à faire taire les deux batteries prussiennes du faubourg d'Arras, d'ailleurs fusillées à 800 mètres par une compagnie du 2e chasseurs de marche. En même temps, le commandant du 23e corps, général Paulze d'Ivoy, jetait sur Favreuil la brigade de Lagrange. Pendant que le 1er bataillon de voltigeurs (mobilisés du Nord) abordait ce village à l'est, deux bataillons du régiment de marche de la brigade (sans doute le 1er bataillon de dépôt du 33e et le 2e bataillon de dépôt du 65e) l'attaquaient à l'ouest ;

le 47ᵉ mobiles (Nord) reliait ces deux attaques ; enfin, le 24ᵉ chasseurs de marche s'avançait entre Favreuil et la route d'Arras, pour déborder le village au sud-ouest. Sa configuration, plus dense que celle de Sapignies et de Béhagnies, le rendrait d'une défense facile, s'il n'était dominé dans presque toutes les directions.

Les cinq compagnies prussiennes (4ᵃ et IIIᵉ du 68ᵉ) qui le défendaient tinrent bon tant qu'elles n'eurent aucune inquiétude pour leurs flancs. Mais la retraite des deux batteries et du reste de la 30ᵉ brigade en position à l'ouest les découvrit sur leur gauche. Elles se retirèrent sur Saint-Aubin, dans le voisinage immédiat de Bapaume, tout en conservant quelque temps la partie sud de Favreuil.

IX

Attaques de Bapaume et de Saint-Aubin.

A ce moment, l'ennemi se repliait sur toute cette partie du champ de bataille. La 30ᵉ brigade gagnait les abords des moulins sud-est de Bapaume ; les quatre batteries qui avaient longtemps combattu au nord de la ville s'y portaient également, non sans avoir été fort maltraitées. L'une d'elles, la 1ʳᵉ lourde, avait perdu 2 officiers, 17 hommes, 36 chevaux ; elle ne roulait plus qu'avec le secours de l'infanterie. Elles n'en avaient pas moins tiré jusqu'au dernier moment, alors que nos tirailleurs arrivaient dans leur voisinage immédiat.

Au nord-est de Bapaume, le IIIᵉ bataillon du 68ᵉ tenait encore les dernières maisons au sud de Favreuil et le hameau de Saint-Aubin ; les deux batteries à cheval de la réserve avaient quitté leur emplacement au nord-est de Beugnâtre, pour rejoindre les vingt-quatre pièces déjà en réserve au sud-est de Bapaume. Tout semblait indiquer la retraite prochaine et définitive des Prussiens.

Ce mouvement rétrograde de l'artillerie allemande et de la 30° brigade, passées toutes deux en réserve au sud de Bapaume, paraît difficile à comprendre. L'état-major prussien l'explique par la volonté du général von Kummer de défendre uniquement cette ville, en attendant des renforts. Mais, s'il eût été décidé à une défense acharnée de ce point, comme l'affirme la relation officielle, le retrait du combat, au moins temporaire, de toute son artillerie aurait constitué une singulière préparation, difficile à concilier avec les traditions constantes de l'armée allemande depuis le début de la guerre. Une défense poussée jusqu'à la dernière extrémité impliquait plutôt une retraite par échelon de ces batteries à l'est de Bapaume, avec l'appui de la 30° brigade. Il est donc probable que la décision de von Kummer était dictée par d'autres motifs.

Quant le général ramena son artillerie en arrière, c'était avec l'intention de rompre le combat.

En tout état de cause, ce mouvement rétrograde facilitait notre offensive. Nous suivions les Prussiens dans leur mouvement de recul, mais sans le presser assez vivement. La division du Bessol se portait sur Avesnes-les-Bapaume et le faubourg d'Arras, tandis que le général Derroja continuait d'avancer vers le sud-ouest de la ville. Les brigades Foerster et de Gislain s'emparaient sans difficulté d'Avesnes et du faubourg d'Arras (vers 1 h. 45). Elles tentaient même, inutilement, d'enlever Saint-Aubin et la lisière nord-ouest de la ville.

Le 8ᵉ bataillon de marche de l'infanterie de marine prenait le cimetière et les maisons voisines ; le 2ᵉ bataillon de dépôt du 43ᵉ et le 20ᵉ chasseurs de marche, plus au sud, traversaient des haies et des jardins pour s'emparer d'une grande usine à l'est de la route d'Amiens. Mais l'élan de nos bataillons se brisait aux anciennes fortifications. Ils engageaient contre les Allemands, à couvert dans les maisons et derrière les barricades, un feu de mousqueterie qui devait durer jusqu'à la nuit, sans grandes pertes de part et d'autre.

Pour se rendre exactement compte de la physionomie que revêtit l'action à l'ouest et au sud-ouest de Bapaume, il faut lire le récit de M. le lieutenant-colonel Patry, témoin oculaire qui faisait partie du 67ᵉ de marche, brigade Aynès, de la division Derroja. Il montre notre artillerie s'installant sur la croupe au sud-ouest d'Avesnes et battant un objectif situé vers notre droite. Quant à l'infanterie, son feu languit et paraît devoir bientôt s'arrêter. On se demande pourquoi nous ne poussons pas sur Bapaume, pourquoi l'artillerie n'entame pas l'action contre la ville afin d'en faciliter l'accès. Cette situation bizarre se prolonge jusqu'à la nuit. Devant la brigade Aynès, le feu a cessé complètement. Sur la droite, au contraire, assez loin, retentit une fusillade qui parfois devient relativement vive. C'est celle du combat de Thilloy et de Ligny, dont nous allons parler. La nuit est complète quand, à l'extrême étonnement de tous, on reçoit l'ordre de rétrograder sur Biefvillers, puis sur Achiet-le-Grand, où l'on cantonne. Rien ne ressemble moins, on le voit, à une offensive sérieuse.

X

Intervention du prince Albert.

Cependant, les renforts attendus impatiemment par von Kummer approchaient. Il les porta à ses deux ailes, plus menacées que son centre, qui, lui, était fortement appuyé à Bapaume. Tandis qu'une partie de la réserve venue du **Transloy** (8º bataillon de chasseurs, 3º et 4º batteries lourdes du VIIIº corps) se dirigeait à gauche vers Thilloy et Ligny, le prince Albert marchait à droite vers Bancourt, où il arrivait à 11 h. 30, avec onze compagnies du 40º régiment, huit escadrons des 9º hussards et 2º uhlans de la garde, trois batteries (6º lourde, 6º légère, 1ʳᵉ à cheval du VIIIº corps). Il jeta une compagnie en flanc-garde dans Frémicourt et dirigea sur Beugnâtre, au nord-ouest, le 2º uhlans de la garde, tandis qu'il déployait le reste de ses troupes devant Favreuil, que nous venions d'enlever. Deux de ses batteries (6º lourde et 6º légère) canonnèrent quelque temps ce village, qu'attaqua ensuite le 1ᵉʳ bataillon du 40º. Favorisé par la conformation du terrain avoisinant, qui domine la lisière sud, il l'occupa rapidement.

Mais le combat devint beaucoup plus vif à l'intérieur. Les Prussiens y gagnaient pourtant du terrain, quand le 24º bataillon de marche de chasseurs, commandant de Négrier, déborda Favreuil à l'ouest et vint menacer les deux batteries du prince Albert en position entre Favreuil et Saint-Aubin.

En même temps, le général Faidherbe portait au nord du faubourg d'Arras, près de la grand'route, deux des batteries de la division du Bessol, de façon à prendre de flanc les pièces allemandes. Des masses considérables, celles de la division Robin, se montraient encore près de Vaulx-Vraucourt. Leur présence donna sans doute à réfléchir au prince Albert, qui jugea prudent de se reporter en arrière ; Favreuil était complètement reconquis par nous (vers 2 h. 30). Une fraction de la division Robin occupait Beugnâtre, pendant que le prince s'établissait le long de la route de Cambrai, entre Frémicourt et Bapaume.

Au moment où ils perdaient définitivement Favreuil, les Prussiens avaient à peu près évacué Saint-Aubin, que des fractions de la brigade de Gislain occupaient presque entièrement. Le prince Albert y portait de l'est le 2ᵉ bataillon du 40ᵉ (2 h. 45), tandis que le général von Kummer faisait attaquer ce hameau du sud-ouest par le 2ᵉ bataillon du 28ᵉ et une batterie (2ᵉ légère).

Bien que la situation de ce petit centre habité, à moins d'un kilomètre de Bapaume, fût fort exposée, nous y avions jeté, dit-on, moins de deux compagnies (2ᵉ compagnie, une section de la 1ʳᵉ compagnie du 24ᵉ chasseurs de marche, une section de la 2ᵉ compagnie du 2ᵉ bataillon de dépôt du 65ᵉ). Encore ces fractions appartenaient-elles aux brigades de Lagrange et Aynès, c'est-à-dire à deux corps d'armée différents. Il est même probable que des isolés de divers corps les renforçaient.

Après un vif combat, Saint-Aubin fut reconquis par les Prussiens, qui y firent 120 prisonniers, appartenant, à ce qu'assure le major Kunz, à six bataillons différents (vers 3 h. 30). Nos adversaires s'y maintinrent, cette fois définitivement, malgré une nouvelle attaque enveloppante qui fut simplement esquissée, vers 4 heures.

Le combat se prolongeait alors en une simple lutte d'artillerie sur cette partie du champ de bataille. Nos tirailleurs se reportaient en avant vers la chute du jour

(4 h. 30), mais les obus prussiens les arrêtaient presque aussitôt. Un peu auparavant, quatre de nos pièces avaient cherché à se mettre en batterie entre Favreuil et Beugnâtre, sans plus de succès. Une de nos batteries prenait position à l'est de Beugnâtre et canonnait les escadrons du 2ᵉ uhlans de la garde qui couvraient la droite allemande, mais sans les atteindre sérieusement. Il est visible que la gauche de Faidherbe manquait de l'entrain et peut-être aussi de la direction indispensables pour obtenir un succès décisif.

Il est difficile de préciser la physionomie de l'action, vers la fin de la journée, devant Bapaume. D'après les uns, le général Faidherbe espère jusqu'au dernier moment obtenir l'évacuation de cette ville et la retraite définitive des Allemands, en combinant une attaque de front avec le mouvement tournant qu'il a esquissé déjà au sud-ouest. Une première tentative aurait été faite d'Avesnes-les-Bapaume, sur la lisière ouest, avec le 2ᵉ chasseurs de marche et deux bataillons du 67ᵉ de marche (1ᵉʳ et 2ᵉ bataillons de dépôt du 75ᵉ). Elle aurait échoué sous la violente fusillade d'un ennemi abrité dans des maisons et derrière des murs. Une autre attaque aurait été tentée par une fraction de la brigade Pittié (17ᵉ chasseurs de marche), le long de la tranchée du chemin de fer et après un court bombardement de la gare, sans plus de succès. Au moment où le commandant du 22ᵉ corps, général Lecointe, se disposait à la renouveler avec toute la brigade Pittié, il aurait appris que les Prussiens occupaient Thilloy et Ligny, sur son flanc droit. Des renforts allant les rejoindre étaient signalés sur la route d'Amiens. Ces deux circonstances amenèrent le général à porter la brigade Pittié sur Thilloy.

D'après une autre version, le colonel Foerster, entré vers 1 h. 45 dans le faubourg d'Arras, se serait déclaré tout prêt à pénétrer dans la ville. Un obus aurait suffi pour démolir la barricade improvisée à l'entrée et défendue par une compagnie au plus. Le colonel crut devoir néanmoins demander les ordres du général du Bessol, qui lui transmit à regret la défense d'entrer dans Bapaume. « Nous avons entendu le message du colonel Foerster, dit l'auteur anonyme, mais très informé des *Opérations de l'armée française du Nord,* et, depuis, le colonel a bien voulu nous répéter qu'il serait entré dans Bapaume très facilement. » Cette attitude de Faidherbe, confirmée par d'autres témoignages à notre connaissance, semble d'abord incompréhensible. La seule explication admissible paraît être dans le trouble que l'apparition de la division Robin causa autour du général. On attendait si peu son intervention qu'on la prit pour une colonne ennemie. Le général en chef crut ses derrières menacés et donna l'ordre de reporter vers Biefvillers trois bataillons (67° de marche) en réserve. A 3 h. 30, il prescrivait la retraite générale, et il fallait le supplier pour qu'il attendît la nuit.

On voit que ces deux versions diffèrent entièrement. A défaut de documents positifs, pouvant mettre cet épisode en pleine lumière, nous sommes forcés d'admettre ce qui paraît le plus vraisemblable. Il semble que la seconde version soit dans ce cas, à en juger par nombre de témoignages oculaires, parmi lesquels celui de M. le lieutenant-colonel Patry.

XI

Attaques de Thilloy et de Ligny.

Dans ces conditions, il ne nous restait plus qu'une chance de succès. C'était que nous parvinssions à faire évacuer Bapaume en menaçant la retraite de ses défenseurs. Le mouvement de la brigade Pittié était fait pour l'inquiéter. Peut-être l'ennemi n'attendrait-il pas qu'il fût terminé pour se retirer ? Il se hâterait de regagner les ponts de la Somme, avant que la retraite lui fût rendue plus difficile.

Déjà, en effet, la brigade Pittié avait traversé la route d'Amiens et marchait sur Thilloy. Le 8ᵉ bataillon de chasseurs prussiens venait d'occuper ce hameau, ainsi que Ligny. Le premier, qui s'étale sur des pentes descendant vers le sud, est d'assez faibles dimensions, tandis que le second, construit dans un fond, se prolonge par le village de Warlencourt-Eaucourt et par le hameau du Barque, qui constituent un ensemble très étendu, d'une défense malaisée. Quatre batteries prussiennes ouvrirent le feu sur la brigade Pittié, de la croupe au sud-est de Ligny. Elles l'arrêtèrent un instant et la firent même reculer à l'ouest de la route d'Amiens (vers 3 h. 30) ; mais, grâce à deux de nos batteries en position sur le mamelon 134 à l'est de Grévillers — la 1ʳᵉ bis du 15ᵉ régiment (4), division Derroja, et une batterie de 12 de la réserve — vers 4 heures nos tirailleurs dépassaient de nouveau la route. Le 2ᵉ bataillon de dépôt du 24ᵉ (68ᵉ de marche) parvenait, après un vif combat, à déloger de Thilloy deux compagnies du 8ᵉ chasseurs prussien. Une attaque de deux compagnies du 65⁰ (1ᵉʳ bataillon de dépôt, 67ᵉ de marche) sur Ligny échouait devant le feu des Allemands, en forces supérieures aux nôtres (trois compagnies dont les deux chassées de Thilloy). D'ailleurs, des renforts arrivaient de tous côtés à l'ennemi. La perte de Thilloy et de Ligny, à 2.500 mètres de la route de Péronne, eût été des plus dangereuses pour lui. Il fit les plus grands efforts pour reprendre Thilloy.

XII

Fin de l'action.

Le détachement du général von Mirus (3 compagnies du 69ᵉ, 2 escadrons et demi du 8ᵉ cuirassiers, 4 pièces à cheval) était resté une partie du jour à Petit-Miraumont, où il devait couvrir la gauche de nos adversaires. Vers midi, il se portait sur Irles, par Pys, en poussant ses escadrons vers Grévillers. Déjà nous occupions ce village. Les cavaliers prussiens ne purent dépasser le bois de Grévillers. Au lieu de marcher droit sur Bapaume par la route d'Amiens, ce qui eût certainement gêné l'offensive de la brigade Pittié, le général von Mirus jugea prudent de se rapprocher de la ligne de retraite des Prussiens par la route de Péronne, en se portant vers Le Sars et Flers. Le capitaine de Rappe explique ce mouvement par l'action d'une batterie de 8 (division Derroja), qui aurait arrêté ce petit détachement sur la route d'Amiens.

Quoi qu'il en soit, arrivé à Flers, et pris apparemment d'un scrupule tardif, Mirus jugea nécessaire de marcher au canon, dont le bruit devenait plus intense de moment en moment. Vers 4 heures, il débouchait aux abords de Ligny et y jetait ses trois compagnies, pendant que ses quatre pièces renforçaient l'artillerie déjà engagée au sud-est de ce hameau (4 batteries).

Peu après, les défenseurs de Ligny recevaient d'autres renforts.

Le III° bataillon du 33°, précédemment détaché auprès du prince Albert et en marche depuis le matin pour rejoindre son régiment, avait été arrêté à Beaulencourt par le général von Goeben et dirigé, lui aussi, sur Ligny. Enfin, le général von Strubberg recevait l'ordre d'y conduire, de son emplacement au sud-est de Bapaume, deux bataillons et demi (28°, III° bataillon ; 65°, Ier bataillon et 2 compagnies du 68°). On remarquera la singulière composition de ce dernier renfort, qui portait à 21 compagnies le total des forces réunies à Ligny et aux abords de Thilloy. De plus, toutes les batteries disponibles à la gauche allemande faisaient converger leur feu sur ce dernier hameau. Dans l'intervalle, les défenseurs de Thilloy avaient été renforcés du 17° bataillon de marche de chasseurs et du 1er bataillon de dépôt du 24° (68° de marche).

Le déploiement de forces des Prussiens, dans lequel allait être engagé tout ce qu'il leur restait de forces à peu près intactes, fut sans objet. Au moment où la nuit tombait, le général Faidherbe avait prescrit de « coucher sur les positions enlevées, en tant qu'on ne s'y trouverait pas en contact immédiat avec l'ennemi ». Ces prescriptions contenaient l'ordre implicite d'évacuer Thilloy, Avesnes et le faubourg d'Arras.

Il fut exécuté. La division Derroja revint sur ses pas pour cantonner dans Achiet-le-Grand ; la division du Bessol s'établit à Grévillers et Biefvillers ; la division Payen à Favreuil, Sapignies et Béhagnies ; les mobilisés de Robin à Beugnâtre, Mory et Vaulx-Vraucourt. Vers 6 heures, le silence se faisait sur le champ de bataille, après un combat de neuf heures environ.

Quant aux Allemands, le détachement du général von Mirus et deux des bataillons de von Bock rentraient dans Thilloy et Ligny avec le 8ᵉ bataillon de chasseurs ; ils y ramassaient un assez grand nombre de nos soldats restés après la retraite du général Pittié. Le reste de la 29ᵉ brigade et deux des bataillons de la 30ᵉ demeuraient dans Bapaume. Le détachement du prince Albert était à Saint-Aubin, Bancourt et Frémicourt. Le reste de la 30ᵉ brigade et l'artillerie cantonnaient le long de la route de Péronne. La brigade de cavalerie Dohna était dans les villages au sud-ouest de Bucquoy, à 10 kilomètres de la gauche du général von Goeben. Enfin, le détachement venu du corps de siège s'établissait à Combles et aux environs du quartier général.

XIII

Résultats de la bataille.

Dans cette journée du 3 janvier, l'infériorité numérique des Allemands est hors de doute. Avec seize bataillons (1), vingt-quatre escadrons et demi, quatorze batteries et deux compagnies de pionniers, le général von Goeben avait tenu ferme tout le jour contre les cinquante-six bataillons, les six escadrons et les quinze batteries de l'armée du Nord. Toutefois, cette incontestable supériorité numérique s'affaiblit singulièrement

---

(1) Moins une compagnie.

quand on va au fond des choses. Il s'en faut que toutes nos troupes aient été engagées. Ainsi, les trois batteries et treize des quatorze bataillons du général Robin ne semblent pas avoir combattu ; la presque totalité des gardes mobiles de l'armée ne brûla pas une amorce. Il n'est même pas certain que nos douze autres batteries aient toutes tiré réellement. En outre, nous le répétons, sur ses cinquante-six bataillons, l'armée du Nord en comptait moins d'un tiers appartenant à l'armée active. Les autres, mobiles ou mobilisés, étaient de valeur beaucoup moindre.

Le mot si connu du maréchal Bugeaud : « A la guerre, ce sont toujours les mêmes qui se font tuer », était, sous sa forme naïve, particulièrement vrai à l'armée du Nord. Ses meilleures troupes ou, si l'on préfère, ses moins défectueuses étaient constamment engagées, non sans subir des pertes qui, à la longue, devaient nécessairement influer sur leur moral.

Quant à notre artillerie, elle équivalait à peu près comme nombre, sinon comme calibre et instruction, à celle de l'ennemi. Sa cavalerie avait pour elle une immense supériorité.

On a diversement apprécié l'effectif des deux adversaires pendant la journée du 3 janvier. Le major Kunz, l'un des historiens militaires allemands qui visent le plus à l'impartialité, l'a évalué comme il suit (1) :

Français : 35.500 fusils, 600 sabres, 90 pièces.
Allemands : 10.000 fusils, 2.900 sabres, 84 pièces.

Mais cette évaluation, en ce qui nous concerne, est purement approximative, puisqu'il n'a pas encore été publié de données précises sur nos effectifs pendant la

---

(1) Le major Kunz a récemment publié la 2ᵉ partie de sa *Feldzug der ersten deutschen Armee im Norden und Nordwesten Frankreichs 1870-71*, dans laquelle il serre la vérité de beaucoup plus près.

campagne du Nord. Elle semble être exagérée, et, d'ailleurs, tient compte de troupes qui ne furent pas engagées. Il est à croire que l'effectif total de 33.000 combattants donné par l'auteur des *Opérations de l'armée française du Nord* est plus rapproché de la réalité.

Dans ces conditions, en raison de la force des positions occupées par les Prussiens et surtout de l'existence comme réduit d'une ancienne place forte aisée à organiser défensivement, les chances de succès étaient moins inégales qu'il ne semblerait à première vue. Il faut, en effet, peser la valeur intrinsèque de chaque armée : celle de l'ennemi, aguerrie par une rude campagne, fière des succès obtenus à Spickeren, à Borny, à Saint-Privat, à Noisseville, à Villers-Bretonneux, encadrée par un excellent corps d'officiers, homogène, instruit ayant au plus haut point le sentiment du devoir ; la nôtre à peine exercée, mal équipée, plus mal organisée, constituée hâtivement au moyen d'éléments d'origine et de valeur très inégales, mais commandée par un général dont chacun prisait hautement la persévérance et la volonté. Il avait su faire un tout, relativement homogène, de conscrits, de mobiles et de mobilisés sans lien sérieux avant lui. On ne saurait trop insister sur ce fait que c'est au général Faidherbe et à un certain nombre d'officiers, pour la plupart échappés de Metz, que l'armée du Nord dut d'occuper une place des plus honorables parmi les jeunes formations de la Défense nationale. Leur expérience et leur dévouement firent sa valeur morale et réussirent à compenser, dans une certaine mesure, l'infériorité matérielle qu'elle tenait des conditions défectueuses de sa constitution.

La bataille des 2 et 3 janvier était indécise ; au bout de quelques jours, chacun des deux adversaires devait s'attribuer hautement la victoire. En effet, les Allemands avaient failli payer chèrement les fautes commises dans leur répartition au nord de Bapaume, ainsi que dans la conduite générale des opérations. On doit se demander en premier lieu si la pensée d'assiéger Péronne, en présence de troupes d'effectif supérieur, était justifiée. Evidemment, la possession de cette petite place, point de passage de la Somme, nœud des communications entre Amiens, Arras, Cambrai et Saint-Quentin, devait être avantageuse pour les Allemands. Mais elle n'était pas indispensable. Il eût été plus naturel de s'attaquer aux forces mobiles de l'adversaire, de façon à les mettre hors de cause, avant de s'occuper d'un obstacle inerte, au risque de perdre en un seul jour le bénéfice de la campagne menée jusqu'alors par la Ire armée dans le Nord.

De plus, le dispositif adopté par Goeben aggrava ce danger. Il consistait à répartir à peu près également, ses forces disponibles sur un front mesurant quarante kilomètres environ, au nord de Péronne. L'offensive de l'armée du Nord avait donc, à l'avance, des chances sérieuses de succès. Sa réalisation aboutit à d'incontestables succès partiels, la conquête de la plupart des points occupés par nos adversaires le matin du 2 janvier. Mais Saint-Aubin, Avesnes-les-Bapaume, Thilloy, Ligny et surtout le réduit de Bapaume restaient entre leurs mains le soir du 3. Les résultats obtenus pouvaient passer comme incomplets, de part et d'autre. Nous avions refoulé les Allemands, mais sans pouvoir les débusquer de leur position principale. Si nos troupes avaient souffert pendant ces deux jours de marche et de combat, celles de l'ennemi n'étaient pas en meilleure posture. Voici ce qu'en dit le major von Schell, de l'état-major de la Ire armée, l'historien officieux de la campagne dirigée contre nous par le général von Goeben :

« Le soir du 3, la situation des troupes de Bapaume

était donc très difficile, si l'engagement recommençait le 4. Les soldats étaient harassés de fatigue et ne devaient attendre aucun secours sérieux des derrières de l'armée ; de plus, une partie des batteries était hors de combat, faute de munitions.

» Dans ces conditions, il était à craindre que la continuation de la lutte n'amenât un premier échec... »

Un fait confirme le sentiment de von Schell. La nuit qui suivit Bapaume, le général von Goeben éprouva de telles angoisses qu'il contracta, dit-on, le germe de la maladie de cœur qui devait l'emporter.

On a dit justement que, dans une bataille, la victoire est à celui qui *croit* l'avoir remportée. Le soir du 3 janvier aucun des deux adversaires n'était dans ce cas. La preuve en est que le général Faidherbe décida de battre en retraite dès le matin du 4, ce qu'il fit avec d'autant plus de facilité que son adversaire donnait le même ordre à ses troupes. Si les nôtres se retiraient à une demi-journée de marche environ au nord de Bapaume, celles de l'ennemi refluaient presque entièrement au sud de la Somme, toutes prêtes à abandonner l'investissement de Péronne si nous avions fait le moindre mouvement en avant. Il n'en fut rien. L'objectif de l'offensive tentée par le général Faidherbe, la délivrance de cette petite place, ne fut pas atteint, et, dans la nuit du 9 janvier, elle capitulait après un nouveau bombardement. En somme, la bataille de Bapaume avait été pour nous un succès tactique incomplet, **mais un incontestable échec stratégique.**

XIV

Nos pertes.

Il n'est pas possible de connaître exactement le détail de nos pertes dans les journées des 2 et 3 janvier. Il n'y a pas concordance, en effet, entre les chiffres qui ressortent de documents sérieux. Ainsi, d'après le général Faidherbe, nous aurions perdu 53 officiers et 2.066 hommes tués, blessés ou disparus, en tout 2.119 hommes hors de combat. Le capitaine suédois de Rappe, dont l'ouvrage est écrit d'après des données puisées à l'état-major de l'armée du Nord, répartit ainsi ce total de 2.119 hommes : 183 tués et 1.136 blessés dont 53 officiers; 800 disparus ; la plupart de ces derniers, appartenant à la division Robin, étaient des gardes nationaux mobilisés du Nord qui, profitant de la proximité de leurs foyers, avaient jugé bon de les regagner par le plus court. Les Allemands disent nous avoir fait 550 prisonniers non blessés, mais les chiffres de leur relation officielle sont sujets à caution, nous l'avons maintes fois démontré.

Cette perte totale de 2.119 hommes se répartirait d'une façon très inégale entre les deux corps d'armée présents sur le champ de bataille de Bapaume : d'après le capitaine de Rappe, le 22ᵉ corps perdit 132 morts, 575 blessés et 232 disparus. Il reste, pour le 23ᵉ corps, la cavalerie et les trois batteries de la réserve, 61 morts, 561 blessés et 568 disparus. La proportion numérique des tués aux blessés du 23ᵉ corps, 61/561, est de beaucoup inférieure à la moyenne, ce qui permet de croire à l'inexactitude de ces chiffres, surtout pour ce qui concerne ce corps d'armée. Cette supposition est d'ailleurs confirmée par les données que l'on peut extraire d'un certain nombre de journaux de marche et d'historiques régimentaires.

Voici les chiffres, d'ailleurs incomplets, que nous avons ainsi obtenus, pour les journées des 2 et 3 janvier :

22ᵉ corps.

DIVISION DERROJA.

Brigade Aynès.

2ᵉ chasseurs de marche : 1 officier tué, 137 hommes de troupe tués ou blessés.

67ᵉ de marche : 2 officiers tués, 3 blessés ; 200 hommes hors de combat (dont 3 officiers et 115 hommes hors de combat pour le 1ᵉʳ bataillon de dépôt du 65ᵉ de ligne).

91ᵉ mobiles (Pas-de-Calais) : 5ᵉ bataillon, 7 blessés.

Brigade Pittié.

17 chasseurs de marche : pertes non mentionnées, peu importantes.

68ᵉ de marche : 1 officier tué, 4 blessés ; 25 hommes tués, 74 blessés, 48 disparus.

46ᵉ mobiles (Nord), 1 tué et 6 blessés (qui paraissent incomber au 3ᵉ bataillon seul).

DIVISION DU BESSOL.

Brigade Fœrster.

20ᵉ chasseurs de marche : 2 officiers blessés, 6 hommes tués, 30 blessés.

69ᵉ de marche : pertes non mentionnées par l'historique.

44ᵉ mobiles (Gard) : pertes inconnues.

Brigade de Gislain.

18ᵉ chasseurs de marche : 1 officier blessé ; 60 hommes environ hors de combat.

72ᵉ de marche (2 bataillons du 91ᵉ) : 1 officier tué, 15 hommes tués, 57 blessés, 83 disparus.

101ᵉ mobiles (Somme et Marne) : pertes inconnues.

3ᵉ batterie du 12ᵉ régiment : 5 blessés, 16 chevaux tués.

23ᵉ corps.

DIVISION PAYEN.

Brigade Michelet.

19ᵉ chasseurs de marche : pertes inconnues.
Régiment de fusiliers-marins : pertes inconnues.
48ᵉ mobiles (Nord) : 3 officiers tués, 14 blessés, 4 disparus; 16 hommes tués, 144 blessés, 207 disparus (la totalité de ces pertes parait incomber au 2 janvier).

Brigade de Lagrange,

24ᵉ *bis* chasseurs de marche : 2 officiers tués, 1 blessé, 1 disparu, 252 hommes hors de combat.
Régiment de marche (sans numéro); 1ᵉʳ bataillon de dépôt du 33ᵉ, 3 tués, 16 blessés, 26 disparus; 2ᵉ bataillon du dépôt du 65ᵉ, 1 officier tué, 1 blessé, 1 disparu; 100 hommes hors de combat.
47ᵉ mobiles (Nord) : 8 tués, 12 blessés pour le 1ᵉʳ bataillon seul.

DIVISION ROBIN.

Pertes inconnues et sans doute très faibles, sauf pour le 1ᵉʳ bataillon de voltigeurs : 1 officier et 54 hommes tués ou blessés.

11ᵉ DRAGONS DE MARCHE.

Pertes nulles.

Le total de ces chiffres, forcément très incomplets, représente 85 tués dont 11 officiers, 378 blessés dont 27 officiers, 370 disparus dont 6 officiers, soit 1.615 hommes hors de combat dont 44 officiers. En tenant compte des corps dont les pertes sont inconnues et dont quelques-uns, comme le 69ᵉ de marche, furent vivement engagés, on voit que les chiffres du général Faidherbe et du capitaine de Rappe sont inexacts selon toute vraisemblance.

Une autre conclusion se dégage de ce tableau : c'est que, pour aucun des corps qui y figurent, les pertes n'atteignirent une proportion anormale, que l'on puisse comparer, par exemple, aux chiffres résultant des batailles d'août 1870, Frœschviller, Rezonville, Saint-Privat, pour ne citer que celles-là. Les plus atteints furent : le 48ᵉ mobiles (Nord) (3 officiers tués, 14 blessés, 4 disparus, 16 hommes tués, 144 blessés, 207 disparus) ; le 67ᵉ de marche (2 officiers tués, 3 blessés, 200 hommes hors de combat) ; le 68ᵉ de marche (1 officier tué, 4 blessés, 25 hommes tués, 74 blessés, 48 disparus). Ces chiffres sont fort au-dessous de ceux concernant les régiments de tirailleurs et de zouaves du 1ᵉʳ corps à Frœschviller, ou les régiments de la garde prussienne à Saint-Privat.

Autre conclusion : les régiments de mobiles, bien conduits, comme le 48ᵉ (dont le lieutenant-colonel, Degoutin, commanda longtemps le 72ᵉ de ligne après la guerre) pouvaient, à l'occasion, donner une somme d'efforts qui n'était pas au-dessous de ce que rendaient nos régiments de marche.

XV

Pertes allemandes.

D'après l'état-major prussien, nos adversaires auraient perdu 12 officiers et 113 hommes pour les combats du 2 janvier, 40 officiers et 585 hommes pour ceux du 3 ; au total 52 officiers et 698 hommes, c'est-à-dire 750 hommes hors de combat (14 officiers et 114 hommes tués, 38 officiers et 520 hommes blessés, 68 disparus). Il est à noter qu'une dépêche officielle, datée du grand quartier général de Versailles le 8 janvier, porte ces nombres à 128 tués, 702 blessés et 236 disparus, au total 1.066 hommes hors de combat, chiffres que confirme l'ouvrage officieux du colonel comte von Wartensleben, ancien chef d'état-major de la Iʳᵉ armée et de l'armée du Sud. Le capitaine Leclerc donne, comme total des pertes, 123 hommes pour le 2 janvier, dont 29 disparus, et 751 hommes pour le 3 janvier, dont 116 disparus : ensemble 874 hommes hors de combat. Comme nous l'avons dit, tous ces chiffres sont plus ou moins inexacts.

La relation de l'état-major prussien répartit comme il suit les pertes des 2 et 3 janvier :

2 janvier :

28° régiment d'infanterie : 17 hommes tués; 9 officiers, 77 hommes blessés; 2 disparus.

7° hussards : 1 tué; 1 officier et 4 hommes blessés; 1 disparu; 6 chevaux tués et 4 blessés.

Artillerie du VIII° corps : 1 tué; 2 officiers et 10 hommes blessés; 2 chevaux tués et 4 blessés.

Au total : 12 officiers, 113 hommes, 22 chevaux hors de combat.

3 janvier :

2° uhlans de la Garde : 1 cheval tué, 1 blessé.

État-major de la 15° division : 1 cheval blessé.

33° régiment d'infanterie : 7 officiers, 26 hommes tués; 5 officiers, 137 hommes blessés; 46 hommes disparus.

65° régiment d'infanterie : 1 homme tué; 1 officier, 27 hommes blessés; 2 hommes disparus.

État-major de la 30° brigade : 1 officier blessé.

28° régiment d'infanterie : 1 officier, 13 hommes tués; 7 officiers, 123 hommes blessés; 6 hommes disparus.

68° régiment d'infanterie : 1 officier, 24 hommes, 2 chevaux tués; 3 officiers, 60 hommes blessés; 2 hommes disparus.

8° chasseurs : 3 hommes tués; 2 officiers et 18 hommes blessés; 7 hommes disparus.

7° hussards : 1 officier, 1 homme et 3 chevaux tués; 5 hommes et 10 chevaux blessés; 1 homme disparu.

Artillerie du VIII° corps : 2 officiers, 8 hommes, 61 chevaux tués; 1 officier, 30 hommes, 36 chevaux blessés.

Ambulance : 1 cheval blessé.

40° régiment d'infanterie : 2 officiers, 12 hommes tués; 5 officiers, 25 hommes blessés.

9° hussards : 1 homme blessé.

8ᵉ bataillon de pionniers : 1 homme tué ; 1 officier et 4 hommes blessés.

5ᵉ uhlans : 1 homme tué, 2 chevaux disparus.

14ᵉ uhlans : 1 homme et 1 cheval disparus.

Au total : 40 officiers, 585 hommes, 119 chevaux hors de combat.

D'après le major Kunz, nos adversaires perdirent 4,8 p. 100 de leur effectif et l'armée du Nord 5,6 p. 100. Ces deux proportions diffèrent assez peu, mais il faut tenir compte de ce fait que le major Kunz paraît enfler sensiblement nos effectifs, ce qui conduirait à accroître la fraction 5,6 p. 100.

Suivant le même auteur, les 72 pièces allemandes engagées auraient brûlé 2.201 gargousses, soit une moyenne de 30,5 par pièce.

Le régiment prussien le plus éprouvé fut le 28ᵉ, qui, les 2 et 3 janvier, perdit 1 officier, 40 hommes tués ; 16 officiers, 200 hommes blessés, 8 disparus ; au total 265 hommes hors de combat, dont 17 officiers. C'est ce régiment qui défendit Achiet-le-Grand, Béhagnies et Sapignies le 2 janvier, Favreuil le 3.

Vient ensuite le 33ᵉ, qui, le 3 janvier, perdit 7 officiers, 26 hommes tués ; 5 officiers, 137 hommes blessés, 46 hommes disparus ; au total 221 hommes hors de combat, dont 12 officiers. C'est le corps qui dut résister à l'attaque des divisions du Bessol et Derroja dans Biefvillers, Grévillers, Avesnes-les-Bapaume.

Le 68ᵉ fut moins éprouvé : 1 officier, 24 hommes tués ; 3 officiers, 60 hommes blessés, 2 hommes disparus pour le 3 janvier ; au total 90 hommes hors de combat, dont 4 officiers.

Les pertes de l'artillerie furent relativement fortes les 2 et 3 janvier : 2 officiers, 9 hommes, 63 chevaux tués ; 3 officiers, 40 hommes et 40 chevaux blessés. Enfin, le 7ᵉ hussards, dont deux pelotons fournirent le 2 janvier, à Sapignies, une charge décisive, ne perdit qu'un tué, 1 officier et 4 cavaliers blessés, 1 disparu; 6 chevaux tués et 4 blessés. Ces pertes, imputables en partie seulement à cette brillante attaque, sont relativement très faibles et montrent combien elle fut habilement lancée.

D'après le major Kunz, la proportion des pertes des différentes armes, par rapport à leur effectif combattant, serait la suivante :

Infanterie, 44 officiers, 628 hommes, soit 6,28 p. 100 ;
Cavalerie, 2 officiers, 16 hommes, soit 0,55 p. 100 ;
Artillerie, 5 officiers, 49 hommes, soit 2,90 p. 100.

En d'autres termes, les pertes de l'infanterie sont plus du double de celles de l'artillerie et près de douze fois plus grandes que celles de la cavalerie.

Cette inégalité montre assez que la cavalerie prussienne eût pu faire un beaucoup plus large usage de sa très grande supériorité numérique.

XVI

Réflexions.

La bataille de Bapaume présente cette particularité d'avoir été, pour nos troupes, une action offensive, cas malheureusement trop rare pendant la guerre de 1870 et unique dans la campagne de l'armée du Nord. A ce point de vue, elle mérite une attention spéciale.

Nous avons déjà fait ressortir l'avantage qui résultait pour nous de la disposition très étalée des fractions de la Ire armée chargées de couvrir le siège de Péronne. Réparties en un mince cordon et couvrant un large front afin de garder toutes les directions d'approche, les troupes allemandes semblaient afficher la prétention d'être fortes partout, ce qui les menait à ne l'être nulle part. De là l'obligation absolue, en cas d'attaque, de rester sur la défensive pure, cas exceptionnel pour elles durant la guerre de 1870-1871. En dehors de quelques actions particulières, on ne le retrouve guère que pendant les investissements des camps retranchés de Metz et de Paris. On ne saurait dire que, dans ce rôle de défense passive, nouveau pour nos adversaires, ils aient fait preuve à Bapaume de grandes facultés manœuvrières.

De notre côté, l'offensive des 2 et 3 janvier se présente sous la forme de la marche en avant simultanée de quatre colonnes d'égale force numérique, si elles sont de valeurs intrinsèques fort inégales. Ces quatre colonnes s'avancent sur le même front, de façon à concentrer leurs efforts contre un seul point, qui est Bapaume. Il n'y a aucune réserve ménagée pour elles ; aucune idée tactique ou stratégique précisée à l'avance. C'est au cours même de l'action que prend corps, résultant des circonstances mêmes de la bataille, la pensée du mouvement débordant de notre droite. Vigoureusement poussé, il eût certainement abouti à la mise hors de cause de l'adversaire, ou du moins à l'évacuation de Bapaume. Mais il n'y a aucune troupe constituée en réserve pour l'appuyer, pour exécuter l'attaque décisive. Les quatre divisions agissent isolément, sans être reliées par une direction commune. Nous nous bornons à attaquer droit devant nous, au hasard des dispositions de l'ennemi et du terrain. Il n'est pas surprenant, dès lors, que notre action soit décousue et les résultats incomplets. L'artillerie française s'engage « par petits paquets », comme d'ailleurs les batteries allemandes. Nulle part on ne remarque pour elle trace de préparation réelle d'une attaque. Elle combat surtout l'artillerie adverse, sans chercher à écraser une partie de la ligne, à frayer le chemin à l'attaque décisive. Là encore, la direction suprême semble avoir fait défaut.

Du côté des Allemands, nous avons souligné un fait qui paraît peu explicable : le retrait du combat et la mise en réserve au sud-est de Bapaume des six batteries engagées par le général von Kummer avant l'entrée en ligne des derniers renforts. Rien n'est plus contraire que cette retraite aux méthodes de combat pratiquées par l'artillerie allemande depuis le début de la guerre. Elle ne pourrait se justifier, tout au plus, que par la résolution d'opérer un mouvement rétrograde par échelons, après avoir tenu un moment seulement à Bapaume.

Si la direction laisse à désirer chez nous, celle de l'ennemi n'est pas plus heureuse. Les circonstances étant données, il semble que, dès l'annonce de notre mouvement offensif du 2 janvier, mouvement qui eût dû être éventé aussitôt par la cavalerie allemande si elle avait fait son métier, le général von Goeben n'avait plus qu'à concentrer toutes les fractions à portée de lui pour livrer une bataille défensive. Il prit tardivement les dispositions nécessaires, car d'importantes fractions de ses troupes ne furent pas engagées le 3 ou entrèrent en ligne trop tard pour changer la décision. Ainsi, des 27 bataillons, des 34 1/2 escadrons et des 16 batteries réparties le soir du 1er janvier de Bienvillers-au-Bois à Fins (35 kilomètres) et de Bapaume au sud de Péronne (22 kilom. environ), aucun de ces éléments n'avait à parcourir une distance telle qu'il ne pût intervenir dans la journée du 3. Les plus éloignés étaient en effet ceux au sud de Péronne. En réalité, une partie seulement combattit à Bapaume (moins de 16 bataillons, 14 batteries, 24 escadrons et demi) et encore l'arrivée de certaines de ces troupes fut-elle tardive.

Ce retard apporté à la concentration des Prussiens ne peut s'expliquer que par un service de renseignements défectueux. D'une part, leur cavalerie ne signala en temps opportun ni les emplacements, ni la force de nos troupes avant leur mouvement offensif. D'autre part, elle admit sans contrôle les bruits vagues qui montraient à Cambrai une partie notable de nos forces.

Pendant la bataille, l'action du commandement se réduit à peu de choses pour les Allemands. Ils tiennent sur place avec une grande énergie. Leurs retours offensifs, ceux opérés sur Béhagnies et Biefvillers par exemple, sont le fait de fractions isolées et ne correspondent à aucune idée tactique bien définie. Ils ne peuvent avoir que des conséquences momentanées et montrent, une fois de plus, l'extrême difficulté de la défensive quand elle ne se transforme pas en offensive à un moment donné.

Pour nos troupes, le sentiment qu'elles attaquent enfin leurs adversaires contribue certainement à leur faire admettre plus aisément les fatigues et les pertes consécutives à ces deux jours de combat. Elles en supporteraient sans doute bien davantage. Il semble, du moins, d'après les témoignages oculaires, que, pour elles, la reprise de l'offensive au 4 janvier n'eût été nullement impossible. L'état moral des Allemands paraît avoir été moins bon. Comment expliquer autrement leur inaction pendant la longue nuit du 3 au 4 janvier, alors qu'ils étaient au contact immédiat de troupes novices, éprouvées par deux jours de combat ? A Noisseville, par exemple, la même Ire armée n'avait pas hésité à reprendre l'offensive la nuit du 31 août au 1er septembre, pour nous enlever Servigny. Et elle avait alors devant elle, non pas de nouvelles levées à peine organisées, mais les vieux soldats de l'armée du Rhin! Si le moral des troupes de von Kummer avait été aussi solide le soir du 3 janvier que celui du 31 août, n'auraient-elles pas obéi à la tentation d'attaquer certains des cantonnements de l'armée du Nord, Grévillers ou Biefvillers par exemple?

On peut citer également, dans cette même journée du 31 août l'attitude de quelques compagnies de la Ire armée en face d'une division entière du 6e corps. Certes, les journées des 2 et 3 janvier ne rappellent en rien cet épisode.

Revenons à nos troupes. On a remarqué sans doute les erreurs commises à plusieurs reprises dans la transmission des ordres, dans la désignation des objectifs, dans l'organisation des colonnes. Elles tiennent en grande partie à l'absence d'un état-major sérieux. Seule de toutes nos armées de 1870, l'armée du Nord, depuis le départ du général Bourbaki, ne possédait qu'un nombre infime d'officiers d'état-major. Il avait fallu y suppléer au moyen d'un personnel doué de plus de dévouement que d'expérience, recruté dans toutes les armes et même dans les gardes nationales. De là des confusions comme celles que nous avons signalées.

Des deux parts, le rôle de la cavalerie est à peu près nul à Bapaume. Nos quatre escadrons de dragons constituaient une force trop restreinte, relativement à la cavalerie prussienne, pour qu'ils pussent remplir les missions multiples ordinairement dévolues à leur arme. Pourtant il semble qu'on aurait pu les utiliser davantage, ne fût-ce qu'à la protection immédiate des colonnes, de façon à éviter des surprises comme celle de Béhagnies. Quant à la cavalerie prussienne, on ne trouve guère à relever à son actif que la charge des deux pelotons du 7e hussards à Sapignies, charge exécutée avec beaucoup d'à-propos et suivie d'un succès complet.

Nous avons dit que, des deux côtés, l'artillerie s'est engagée par batteries isolées ou par petits groupes de deux ou trois batteries. L'infériorité de notre matériel ne nous empêche pas de tenir tête efficacement, sur tous les points, aux batteries ennemies. En somme, le rôle de notre artillerie est fort honorable, eu égard aux circonstances.

Pour l'infanterie, la bataille de Bapaume se résume à peu près uniquement en l'attaque et la défense d'une série de centres habités, utilisés comme points d'appui sur un terrain qui n'en comporte pour ainsi dire pas d'autre. Ces hameaux, ces villages, pris et repris alternativement, comme Sapignies, Biefvillers, Saint-Aubin, jouent donc un rôle capital dans l'action. Sur leurs défenseurs, l'effet de l'artillerie paraît avoir été peu sensible. Ainsi, d'après l'ouvrage du capitaine Leclerc, le 2 janvier, sur 123 Allemands hors de combat, 5 ont été atteints par des obus. Le 3, sur 751 hommes hors de combat, 53 auraient été tués ou blessés par ces mêmes projectiles, soit moins d'un dixième. La retraite des défenseurs d'un village est donc déterminée d'une manière constante, non par les obus, mais par des menaces d'enveloppement presque toujours suivies de succès.

Quant à l'importance du rôle de Bapaume comme réduit de la position, elle n'a nul besoin d'être soulignée. L'organisation défensive de cette petite ville, favorisée par les conditions préexistantes, facilita grandement la tâche de Kummer.

Nous avons dit que, si notre succès tactique fut incomplet le 3 janvier, notre échec stratégique fut indéniable. Une part de responsabilité paraît incomber au commandement ; pour en chiffrer exactement l'importance, il faudrait tenir compte de tout ce que l'organisation de nos troupes présentait de défectueux et d'incomplet. D'ailleurs, quels que puissent être les manières de voir à cet égard, on reconnaîtra aisément, croyons-nous, que la bataille de Bapaume, dans les conditions où elle fut livrée, fit honneur au courage, à l'endurance et surtout à la bonne volonté de nos jeunes soldats. Parmi les formations improvisées qui, dans les glaces et les neiges du lugubre hiver de 1870, combattirent obstinément un ennemi supérieur à tant d'égards, l'armée du Nord, mieux que toute autre, sut bien mériter de la patrie.

TABLE

	Pages.
Situation des deux armées le soir du 1er janvier 1871	5
Mouvement offensif du 2 janvier	10
Marche du 22e corps et combat d'Achiet-le-Grand	12
Mouvement du 23e corps. — Combats de Béhagnies et de Sapignies	15
Dispositions pour le 3 janvier	22
La bataille aux ailes de Faidherbe	28
La bataille au centre de Faidherbe	30
La bataille à la gauche de Faidherbe. — Prise de Favreuil	35
Attaques de Bapaume et de Saint-Aubin	38
Intervention du prince Albert	41
Attaques de Thilloy et de Ligny	45
Fin de l'action	46
Résultats de la bataille	48
Nos pertes	53
Pertes allemandes	56
Réflexions	59
CARTE DE BAPAUME au 80.000e	24

Paris et Limoges. — Imp. milit. Henri CHARLES-LAVAUZELLE.

Librairie militaire Henri CHARLES-LAVAUZELLE
Paris et Limoges.

Armes portatives françaises et étrangères, par le capitaine BATAILLE : **France** (fusil mod. 1886 M. 93) ; **Allemagne** (fusil mod. 1888) ; **Autriche** (fusil mod. 1895) ; **Russie** (fusil mod. 1891. Chaque puissance fait l'objet d'un fascicule in-plano, tiré en deux couleurs, avec gravures dans le texte et une planche hors texte en dix couleurs. Prix du fascicule. 5 »

Guide pratique des exercices de combat et de service en campagne (2ᵉ édition). — Volume in-32 de 92 pages avec 10 croquis, cart...... » 75

Service en campagne d'une compagnie d'infanterie, par le capitaine BOSCHET, avec 27 croquis, cartes ou plans. — Vol. in-8° de 240 p.. 4 »

La compagnie isolée en marche et en station, avec trois croquis, par F. B. — Brochure in-8°.. » 50

Des éclaireurs de montagne, par H. DUNOD, lieutenant de chasseurs alpins. — Brochure in-8°... 1 50

Agenda de mobilisation. Infanterie (2ᵉ édition). Volume in-18 de 128 pages, relié pleine toile... 2 »

Guide pratique pour la guerre en Afrique, à l'usage des officiers et des sous-officiers, par le lieutenant-colonel A. DUMONT, ex-officier des affaires indigènes (8ᵉ édition). — Brochure in-18 .... 1 25

Formations et manœuvres de l'infanterie en campagne, par le capitaine breveté G. LÉVY. — Volume in-8 de 92 pages avec croquis dans le texte.. 2 »

Essai historique sur la tactique d'infanterie depuis l'organisation des armées permanentes jusqu'à nos jours, par le commandant GÉRÔME, breveté d'état-major, ancien professeur adjoint d'art et d'histoire militaire à l'Ecole spéciale de Saint-Cyr. — Volume in-8° de 272 pages, avec 70 croquis... 5 »

Historique de la tactique de l'infanterie française, par V. VEYNANTE, chef de bataillon breveté au 42ᵉ d'infanterie, 10 croquis. — Vol. in-8° de 120 pages... 2 50

Cartes étrangères. Notions et signes conventionnels, par le capitaine ESPÉRANDIEU, professeur de topographie et de géographie à l'Ecole militaire d'infanterie. — Volume in-8° de 140 pages................. 4 »

Français et Allemands, étude démographique et militaire des populations actuelles de la France et de l'Allemagne, **l'Alliance franco-russe et l'Allemagne**, par le Dʳ J. AUBŒUF. — Volume in-8° de 122 pages.. 2 »

Causerie sur le cheval, conférences faites aux cavaliers du 21ᵉ chasseurs par le lieutenant H. DE ROCHAS D'AIGLUN. — Br. in-8° de 78 pages. 1 50

La stratégie et la tactique allemande au début du vingtième siècle, étude par le général PIERRON. — Volume in-8° de 394 pages avec croquis dans le texte... 6 »

Etude sur la tactique de l'infanterie, par V. VEYNANTE, chef de bataillon breveté au 42ᵉ régiment d'infanterie, avec croquis. — Brochure in-8° de 84 pages.. 2 »

Etude sur la tactique de ravitaillement dans les guerres coloniales, par NED-NOLL. — Volume in-8° de 156 pages................... 2 50

Tactique raisonnée de l'infanterie, par Ch. DELTHEIL, chef de bataillon au 16ᵉ régiment d'infanterie. — Brochure in-8° de 32 pages......... » 75

Guide pour le chef d'une petite unité d'infanterie opérant la nuit (marches, avant-postes, combat, méthode d'instruction), par le capitaine breveté NIESSEL. — Vol. in-8° de 100 pages, 6 croquis dans le texte.. 2 »

Principes fondamentaux et tactique raisonnée du combat de nuit, par le lieutenant-colonel G. TRUMELET-FABER, du 20ᵉ d'infanterie. — Brochure in-8° de 96 pages, avec 4 figures dans le texte............... 2 »

Librairie militaire Henri CHARLES-LAVAUZELLE
Paris et Limoges.

Instruction spéciale des éclaireurs d'infanterie, par le lieutenant J.-M. FRANCESCHI, du 137ᵉ régiment d'infanterie. — Volume in-8° de 112 pages, avec 16 croquis dans le texte.................... 2 »

Manuel des candidats de toutes armes aux différents grades d'officier dans la réserve et dans l'armée territoriale. Programme développé des connaissances exigées par le décret du 16 juin 1897. — Volume in-18 de 708 pages, avec 280 croquis dans le texte............ 4 »

Instruction pour les éclaireurs d'infanterie. Brochure in-32 de 48 pages, avec un tableau de signaux pour la transmission optique.......... » 75

CLAUZEWITZ. — **La Campagne de 1814 en France**, traduit de l'allemand par G. DUVAL DE FRAVILLE, chef d'escadron d'artillerie breveté, instructeur d'équitation à l'Ecole d'application de l'artillerie et du génie. — Volume in-8° de 166 pages, une carte............................ 3 50

Les corps francs dans la guerre moderne, — Les moyens à leur opposer, étude historique et critique sur l'attaque et la défense des voies de communication et des services de l'arrière, par le capitaine V. CHARETON. — Vol. in-8° de 260 pages, avec 9 croquis dans le texte.. 4 »

Général GALLIÉNI. — **Rapport d'ensemble sur la pacification, l'organisation et la colonisation de Madagascar** (octobre 1896 à mars 1899). — Volume in-8° de 628 pages............................ 7 50

Souvenirs de Madagascar, par le lieutenant LANGLOIS. — Volume in-8° de 192 pages, 37 croquis............................ 3 50

Campagne de 1866, étude militaire rédigée conformément au programme des examens d'admission à l'Ecole supérieure de guerre, par C. DE RENÉMONT.

   TOME Iᵉʳ. **Opérations en Bohême.** — Volume in-8° de 390 pages avec 20 cartes ou croquis dans le texte............................ 7 50

   TOME II. **Opérations sur le Mein, en Italie et en Tyrol.** (*En préparation.*)

Troubles et émeutes. — Recueil des documents officiels indiquant les mesures à prendre par les autorités civiles et par les autorités militaires, par J. SAUMUR, officier d'administration de 1ʳᵉ classe d'état-major. — Volume in-32 de 88 pages............................ » 50

École régimentaire de tir à l'usage des officiers et sous-officiers d'infanterie, par le commandant breveté ALLEGRET, du 4ᵉ tirailleurs algériens. — Volume in-8° de 140 pages avec 11 figures dans le texte. 3 »

L'Infanterie perd son temps, par le général Ch. PHILEBERT. — Brochure in-18 de 78 pages............................ 1 50

Carnet-agenda du sergent de tir. — Volume in-18 de 152 pages... 1 50

Les cartouches et le caisson d'infanterie. — Volume in-32 de 100 pages avec figures, broché, » 50 ; relié............................ » 75

Notre fusil, par le général LUZEUX. — Brochure in-8 de 44 pages.... 1 »

Traité pratique de l'escrime à l'épée de combat sur le terrain, par E. DANNOX, maître d'armes au 23ᵉ chasseurs, ex-sergent maître d'armes à l'Ecole de Saint-Cyr. — Brochure in-12 de 36 pages.............. » 60

Escrime de chambre, méthode pour s'exercer seul à faire des armes, par le commandant E. T. — Fascicule in-32 de 24 pages.............. » 25

Méthode d'enseignement de l'escrime avec l'épée de combat. Jeu de terrain, par M. SERPETTE, maître d'armes au 5ᵉ régiment de hussards. — Brochure in-18 de 80 pages, avec 12 photogravures............ 2 »

Le catalogue général de la Librairie militaire est envoyé gratuitement à toute personne qui en fait la demande à l'éditeur Henri CHARLES-LAVAUZELLE.

www.ingramcontent.com/pod-product-compliance
Lightning Source LLC
LaVergne TN
LVHW021725080426
835510LV00010B/1137